オール カラー 徹底 図解

日本の城

香川元太郎
Kagawa Gentaro

ONE PUBLISHING

JN058667

は じ め に

　城は、人が命をかけた施設です。山に埋もれた戦国時代の堀跡にも、観光名所となっている天守にも、当時の人が敵と戦い、自分や自分の集団を守るために、懸命になって絞り出した知恵と工夫が詰まっているのです。それを紹介するのがこの本の目的です。

　全国の名城を網羅する本は目指していません。「世界でも独自のスタイルを持つ日本の城は、どのように発達し、生み出されたのか？」「堀や塁や建物は、どんな戦術のもとに造られ、どんな技術が使われたのか？」「その城をどのように攻めたのか？」を、復元イラストを駆使して、深く、かつ分かりやすく解説するよう努めました。

　筆者は歴史考証イラストを専門に制作していますが、最も多くテーマにしてきたのは城です。学者ではありませんが、図を使って城を説明することに関しては、専門家として工夫を重ねてきました。これまでに描いた城の復元イラストや説明図は 1,000 枚を越えます。その中から、それぞれの項目に適したものを選んで、文章と連動するように解説しました。城ブームの昨今、城の本も一気に増えましたが、この本は他にはない城の解説書ではないかと思います。

※本書は2012年に学研パブリッシングより発行した『歴群 [図解] マスター 城』を、A5判に拡大改訂したものです。改訂にあたり、一部変更を加えてあります。

城の復元イラスト制作では、発掘調査の平面図や研究者の方が作成する縄張図などを、立体的な視点に起こして建物などを描き込みます。何度も城に足を運んで、地図と現地を照らし合わせながら縄張図を作る研究者の地道な努力がなければ、復元イラストも作り上げることはできません。

　この本に載せたイラストにも、研究者の指導を受けながら描いたものが多数あります。30年ほど前に城のイラストを描きはじめた時、城の専門知識を教えていただいた西ヶ谷恭弘氏をはじめ、千田嘉博氏、中井均氏、加藤理文氏、三島正之氏、西股総生氏など、これまで多くの城郭研究家の方々にイラストの監修をお願いし、指導を受けてきました。西洋の城では今村信也氏、中国の城では来村多加史氏、戦術については樋口隆晴氏にも多くの教示をいただきました。

　この本は、そのような方々の研究成果の上に成り立っています。イラスト制作でお世話になった方々をすべてご紹介することはできませんが、この場を借りて厚くお礼を申し上げます。

　読者の皆様に、より深く城を知っていただくために、この本が一助となれば幸いです。

2018年11月　香川 元太郎

3

C O N T E N T S

【第二章】城の縄張

CONTENTS

【付　録】縄張図

［主要参考文献］　『日本城郭体系』新人物往来社　1980年

『HAND BOOK 戦略戦術兵器事典　中国編』学研 2001年

『戦国の堅城』学研 2004年

『戦国の堅城Ⅱ』学研 2005年

『新版 名城を歩く』1〜12巻　PHP研究所　2009年

『軍事分析　戦国の城』学研　2011年

『戦国の城全史』学研　2011年

藤井尚夫『復元イラスト・中世の城と合戦』朝日新聞社　1995年

西ヶ谷恭弘・香川元太郎『日本の城 透視＆断面イラスト 』世界文化社　2009年

［写真提供］　直方市教育委員会／勧持院／塔世山四天王寺

［協力］　村上海賊ミュージアム／宮崎直孝／香川幸子

城郭史年表

日本史の流れの中で城郭はいかに変遷したのか。
日本の城郭の発達に関連した重要な出来事を記載した。

時　代	事　件
弥生時代前期 （紀元前3世紀〜）	この頃、クニとクニの争いにより各地で環濠集落が形成される
弥生時代後期 （紀元3世紀頃）	この頃『魏志』倭人伝でいう「倭国大乱」の時代。各地で高地性集落が出現する
古墳時代 （4世紀後半〜6世紀）	豪族たちが堀を巡らせた方形の居館を築いて住むようになる
天智2年（663）	白村江の戦いでヤマト王権の軍勢が唐・新羅の連合軍に敗れる
天智3年（664）	唐・新羅の侵攻に備え、朝廷は北九州から畿内にいたるルートに、百済の技術を導入した古代山城の築城を開始。大宰府には水城（みずき）を築城する
天智4年（665）	古代朝鮮式山城、大野城・基肄城が完成
和銅元年（708）	越後国に出羽郡設置（712年に出羽国として分立）。 この前後に出羽柵（いではのき、でわのき）が築かれる
和銅3年（710）	平城京遷都
神亀元年（724）	鎮守府将軍・大野東人（おおののあずまひと）、 前線基地および東北支配の拠点として陸奥国に多賀城を築城
延暦13年（794）	平安京遷都、多賀城が陸奥国の国府となる
寛治元年（1087）	出羽の有力豪族・清原氏の金沢柵（かねざわのき）を源義家が攻略（後三年合戦）
治承4年（1180）	治承・寿永の乱（1180〜1185）が勃発、各地で臨時の築城が行われる
	源頼朝、鎌倉に入り関東支配の本拠地とする
文治5年（1189）	奥州藤原氏、阿津賀志山防塁に拠って鎌倉幕府軍を迎え撃つ
建久3年（1192）	頼朝、征夷大将軍になる
建治2年（1276）	博多湾に石築地（元寇防塁）が築かれる
弘安4年（1281）	二度目のモンゴル軍襲来（弘安の役）。石築地により博多湾からの上陸を阻止
元弘元年（1331）	楠木正成、河内の山城である赤坂・千早城で挙兵。 この頃より小規模な山城の利用が一般化する
元弘3年（1333）	新田義貞が鎌倉を攻略、北条得宗家を滅ぼす（鎌倉幕府滅亡）
延元元年（1336）	足利尊氏、京都から後醍醐天皇を追う（南北朝の内乱の始まり）
観応元年（1350）	足利政権で内訌が勃発（観応の擾乱）、 南北朝の内乱が長期化して各地で山城が築かれる
明徳3年（1392）	足利義満が南北朝を合一
応永4年（1397）	義満、京都北山に楼閣・鹿苑寺舎利殿（金閣）を造営
永享10年（1438）	永享の乱（〜1439）

享徳3年 (1454年)	享徳の乱 (～1482)。関東における戦国時代の始まり
長禄元年 (1457)	扇谷上杉家家宰・太田資長 (道灌)、江戸城を築き、静勝軒という楼閣を構える
	山内上杉房顕、対古河公方の前線基地として「五十子陣」(五十子城) を築く
長禄3年 (1459)	五十子の戦い (～1477)。山内上杉軍と古河公方軍が長期にわたって対峙
応仁元年 (1467)	応仁・文明の乱勃発 (～1477)
文明3年 (1471)	越前守護となった朝倉敏景 (孝景) が一乗谷館を本拠とする
明応4年 (1495)	伊勢宗瑞 (北条早雲)、相模小田原城を奪取して本拠とする
天文元年 (1532)	織田信秀、尾張那古野城を奪取して本拠とする
天文8年 (1539)	斉藤道三、美濃稲葉山城を大改修
天文12年 (1543)	種子島に鉄炮が伝来 (『鉄炮記』)
天文17年 (1548)	長尾景虎 (上杉謙信)、越後春日山城に入る
永禄3年 (1560)	織田信長、大高・鳴海城の後詰に出兵した今川義元を桶狭間合戦にて討ち取る
	松永久秀、近世城郭の先駆け、大和多聞城を築く
永禄5年 (1562)	久秀、多聞城の「四階ヤクラ」(天守) の棟上げ式を行う
永禄6年 (1563)	信長、美濃攻略の拠点とするため小牧山城に本拠を移す
永禄10年 (1567)	信長、稲葉山城攻略、本拠として岐阜城と改名し天守を築く
永禄12年 (1569)	信長、将軍・足利義昭の御所として、京都に二条城を築城
元亀元年 (1570)	信長、石山本願寺攻め開始 (～1580)
元亀2年 (1571)	明智光秀、近江坂本城築城。初期織豊系城郭の代表
天正3年 (1575)	長篠城の後詰・織田・徳川連合軍が武田軍を三河設楽ヶ原で破る (長篠の戦い)
天正4年 (1576)	信長、織豊系城郭である安土城を築城
	柴田勝家家臣・柴田勝豊、越前・丸岡城天守を完成させる (現存最古の天守)
天正6年 (1578)	羽柴秀吉、播磨三木城攻め開始 (～1580) (「三木の干殺し」)
天正9年 (1581)	秀吉、因幡鳥取城を攻略 (「鳥取の渇殺し」)
天正10年 (1582)	秀吉、備中高松城水攻め
	本能寺の変。信長横死し、安土城が焼失
天正11年 (1583)	秀吉、摂津の石山本願寺跡地に大坂城を築城
天正13年 (1585)	秀吉、朝廷より豊臣賜姓。豊臣朝臣秀吉と称す
天正15年 (1587)	秀吉、京都に聚楽第を造営し後に一種の惣構である御土居を築く
天正18年 (1590)	小田原合戦。秀吉、石垣山に惣石垣の陣城「石垣山城」を築く
文禄元年 (1592)	朝鮮侵略 (文禄の役)。秀吉は本陣として肥前名護屋城を築く。また大名たちは朝鮮半島南岸に拠点として倭城を築く
文禄3年 (1594)	秀吉、「隠居城」として京と大坂の間の伏見に築城する (指月伏見城)
文禄4年 (1595)	秀次事件。聚楽第が破却され、伏見が政権の中心地となる
慶長元年 (1596)	慶長伏見大地震。伏見城倒壊する

慶長2年 (1597)	朝鮮へ再侵略 (慶長の役)。 倭城を拠点に日本軍は朝鮮半島南部の実効支配を目指す
	秀吉、木幡山に伏見城を再建する(木幡山伏見城)
	蔚山 (ウルサン) 城の攻防戦。明・朝鮮連合軍を撃退
慶長3年 (1598)	秀吉、死去
慶長5年 (1600)	関ヶ原合戦。伏見城や近江大津城など各地で攻城戦が行われる
慶長6年 (1603)	関ヶ原合戦の結果、多くの大名が領地替えとなり、 新規築城・大改修が日本各地で行われる→慶長の築城ラッシュ
慶長8年 (1603)	徳川家康、征夷大将軍になる。 この頃から諸大名に江戸城などの築城・修築を命じる(天下普請)
慶長15年 (1610)	西国大名の助役による名古屋城築城開始 (天下普請)
慶長16年 (1611)	堀尾吉晴、月山冨田城を廃城して出雲松江城を完成
慶長19年 (1614)	大坂冬の陣。大坂方の真田信繁 (幸村) が大坂城南に真田丸を築く
慶長20年 (1615)	大坂夏の陣。大坂城落城
	徳川幕府が一国一城令を発布し、諸大名に大名居城以外の城の破却を命じる。
元和元年 (1615)	また武家諸法度によって新規築城を禁止し修築を届出制にする
元和5年 (1619)	福島正則、広島城の無断修築を理由に改易される
寛永5年 (1628)	大坂城の再建工事が完成
寛永14年 (1637)	島原・天草一揆。一揆勢は廃城になっていた原城を修築し籠城
正保元年 (1644)	徳川幕府、全国の大名に城絵図・国絵図の作成と提出を命じる (『正保城絵図』)
明暦3年 (1657)	江戸城、「明暦の大火」により天守・本丸・二の丸・三の丸焼失
寛文5年 (1665)	大坂城天守、落雷により焼失
嘉永2年 (1849)	五島藩主・五島盛成、福江城築城
嘉永3年 (1850)	幕府の命により松前藩主・松前崇広、松前城築城。日本最後の近世城郭の新規築城
嘉永6年 (1853)	浦賀にペリー来航。幕府は江戸湾防備のため品川台場を築かせる
元治元年 (1864)	函館に日本発の稜堡要塞・五稜郭完成
慶応2年 (1866)	豊前小倉城、長州藩との戦闘により焼失 (第二次長州征討)
慶応3年 (1867)	京都二条城にて徳川慶喜が大政奉還を決定
慶応4年 (1868)	鳥羽・伏見の戦いにより戊辰戦争勃発。以降、東日本各地で攻城戦が行われる
	下野宇都宮城攻防戦 (戊辰戦争)
	越後長岡城攻防戦 (戊辰戦争)
	会津若松城攻防戦 (戊辰戦争)
明治2年 (1869)	函館戦争にて五稜郭落城 (戊辰戦争)
明治3年 (1870)	廃城令により全国の城郭が各自廃城となる
明治10年 (1877)	熊本城攻防戦 (西南戦争)

序章

「城」とは何か

城の原型はどのようにできあがったのだろうか。古今東西の様々な城から歴史と種類を概観する。

INTRODUCTION

防御施設で周りを囲む環濠集落

農耕社会が成熟する過程で、人類は集団間の武力衝突＝戦争を始めた。
攻撃に備えて集落の周囲に築かれた防御施設が
城の基本的な形となった。

　城は、人や人の財産を守って戦うための施設だ。地面を加工したり、構築物を建てたりして造るのが基本だろう。ただし、防空壕やシェルターは「城」ではない。なぜならば人を守るだけでなく、敵を攻撃する要素を備えているのが城だからだ。

　人は古来から集団生活をしていたが、農耕や牧畜などを始めると集落をつくって定住するようになる。農地や食料の奪い合いなどの理由で他の集団と戦う状況になったとき、自然発生的に原始的な城造りが始まったと思われる。

　では原始的な城とはどのようなものだろうか。わが国で弥生時代に多数造られた**環濠集落**にその典型的な形を見ることができる。

　環濠集落は、「城郭ムラ」とも表現される。周りを**堀**（壕）でぐるりと取り囲んだ集落だ。堀は基本的に水のない**空堀**で、掘る際に生じた土を土手状に盛り上げた**土塁**や柵が設けられることもあった。**朝日遺跡**（愛知県）では、木を枝つきのまま並べる**逆茂木**の遺構も発見されている。環濠集落ではこれらの防御施設で敵の侵入を阻み、これを乗り越えようとする敵を弓や石礫などで攻撃したと想像されている。

　集落を堀や土塁、**柵**、**石積み**などの防御施設で囲むタイプの城は、新石器時代の中国やヨーロッパでも発見されている。世界各地で発生した城の基本的な形といえよう。しかし、強い集落が他の集落を従えて、より大きな「国」へ発達し社会が変化してくると、新しいタイプの城が登場する。

　社会の変化のひとつに、強い権力を持った支配者の登場が挙げられるが、その支配者の住居を守る城が現れたのである。また地域によっては集落より大きい「都市」が出現する。その都市を**城壁**で囲む**城郭都市**も登場した。そして戦闘がより組織的になり戦争が大規模化すると、領域を守るために造られる前線基地などの戦略的な城も登場するのである。

竪穴住居

環濠（堀）

柵

竪堀

木橋

藁束

土塁

逆茂木

一般的に城の多くは、堀（壕）を外側に防壁を内側にする構造となるが、弥生時代の環濠集落の多くは堀を内側にしてその外に土塁を備えていた。これは、土塁に柵の根元を深く埋め、堀の落差を増す効果を狙ったためと考えられる。

環濠集落とその防御施設（大塚遺跡の例）

墓

環濠

二重の堀

大塚遺跡（神奈川県横浜市）の推定復元図。環濠集落の多くは台地や微高地に設けられた。中国の新石器時代の集落、半坡（はんぴ）遺跡などにも同様の環濠が見られる。

13

序 - 2 　支配者の住居の守りと領域支配の拠点

モット＆ベイリー、カッスルと城柵、ローマ・フォート

社会が農村共同体から強い権力を持った支配者が治める
初期国家段階になると、支配者は自らの居館を城郭化した。
また支配の拠点となる城も登場した。

　最も城らしい城といえば、支配者の住居を守る城だろう。我が国の戦国時代のように、村や国などの一定の領域を特定の個人や一族が支配し、近隣の支配者と勢力を争った社会では、その支配者を守る城が特に発達した。

　中世ヨーロッパで数多く造られた城（**カッスル**）も、多くは支配者である王や領主の館を城郭化したものだ。その原型はノルマン人が築いた城、**モット＆ベイリー**（丘と曲輪）だといわれる。土を盛った丘に支配者の家を建て、**環濠集落**にもよく似た**外郭**をつなげて、これらを**堀**や**柵**で守ったものだ。この家や柵が**石積み**の建物に進化して、ヨーロッパの城が生まれたと考えられている。

　わが国でもすでに古墳時代に、古墳の主である豪族の館を城郭化したものが存在した。**ヤマト王権**の権力が強くなった飛鳥時代以降は、個人の館の城郭化は見られないが、中世には武士の館が再び城郭化し、戦国時代に進化をとげて大名の居城である**近世城郭**に発展する。これらの城は支配者の住居であると同時に軍事拠点であり、**政庁**の役目も果たしていた。

　支配者の居城の構造面での特徴は守るべき核が存在することだ。ヨーロッパとわが国の城では、外郭と核となる**本丸**との違いはもっと明確だ。外郭の守りは簡素なことも多いが、本丸に近づくほど防御施設が堅固になる。全体の防御プランも本丸を守ることを最終目的に構成されている。

　支配者の居城として以外に、領域支配の拠点として計画的に城が造られた例もある。飛鳥時代から奈良時代にかけて、大和政権が東北各地に設けた**城柵**がそれだ。広い外郭を持ち大軍が駐屯できたが、中心は国衙や郡衙と同じような政庁だ。新しい領地を、軍事と政治の両面で支配するために築かれた城である。古代ローマが植民地に築いた砦（**ローマン・フォート**）にも同様の目的があり、ローマ軍が入植して地域支配を確かなものにした。

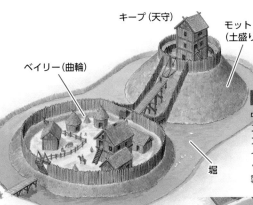

キープ（天守）

モット（土盛りした丘）

ベイリー（曲輪）

堀

支配者の居城の変遷（ヨーロッパの場合）

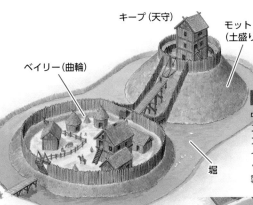

キープ（天守）

モット（土盛りした丘）

ベイリー（曲輪）

堀

◀ モット＆ベイリー（10〜11世紀）

中世にヨーロッパを南下して居住地を広げたノルマン人（ヴァイキング）の築城形式。1066年のノルマンディー公ウィリアムによる「ノルマン征服」以降、イングランド、フランスを中心に多数築かれた。モット上の館がのちのキープの原型とされ、初期は木製だが、石造りのシェルキープに発展する。

中世城郭（12〜15世紀）▶

イラストは14世紀頃のロンドン塔。ひときわ大きな塔（ホワイトタワー）がキープで、城主の居住空間となっていた。中世城郭の城壁は石造りで内部に部屋を持つ塔を組み合わせていた。また旧来の城壁に外城壁が付け加えられたことで城域が拡大し、防御性が向上した。

キープ

外郭

内郭

内城壁

外城壁

▼ 近世の城館（18世紀頃）

絶対王政への移行という戦略的条件の変化によって、外敵からの攻撃の危険がなくなった地域の城は貴族が優雅な生活を楽しむ城館へと変化した。城館は中世城郭が持つイメージを引き継いだものの防御性は追求されなくなり、やがて壮大な宮殿建築へと発展する。現在残るヨーロッパの城郭の多くはこの時期のものである。

キープ

序 - 3 　城郭都市

外郭の城壁で都市を守る

世界各地の古代文明では、集落の規模が拡大して都市が誕生すると、
堀・土塁・城壁などの防御施設を
その周囲に巡らせた城郭都市が出現する。

　早くから文明が発達した地域では、集落よりも大きな都市が発達して文明の中心として繁栄した。この都市を**城壁**で囲んだものが**城郭都市**だ。わが国では少ないが、世界的に見れば非常にポピュラーな城の形といえるだろう。

　メソポタミアの都市国家ウルでは、すでに紀元前 2000 年頃には都市を取り囲む城壁が築かれていたようだ。地中海沿岸の各地でも紀元前から多くの都市国家（ポリス）が現れて勢力を争ったため、トロイやアテナイなど多くの城郭都市が出現した。ローマ時代も主要な都市は城壁で守られていた。

　中世ヨーロッパにもその歴史は引き継がれ、ローマ時代に発達した石造りの城壁と塔を組み合わせて街を取り囲んだ城郭都市が各地に成立した。近世になると、石造りの高い塔が大砲に弱かったことから、城壁が低くて厚みのある**稜堡**に代えられるが、城郭都市の歴史は近代になるまで続く。

　城郭都市の構造上の特徴は、外側の城壁に防御を集中させていたことだ。支配者の住居を守る城では、**外郭**が破られてもさらに強力な**内郭**で守る備えが見られるが、街全体を守ることが目的の城郭都市では、外郭の守りが全てだったのである。ただし城郭都市の一角に支配者の城（**城塞・シタデル**）が造られ、その城から見れば城郭都市が外郭になる例もある。

　中国でも紀元前から城郭都市が造られ、そのプランは朝鮮半島でも応用された。しかしわが国では、本格的な城郭都市はあまり造られていない。農地が分散していたために大きな都市が発達しにくかったことや、戦いの中心が支配者同士の攻防だったことなどが原因だろう。

　それでも、中世に武士の中心都市だった鎌倉や、秀吉時代の京都は**切岸**や**土塁**に囲まれていたし、戦国時代の宗教都市・**寺内町**などは城郭都市と呼べる構造を持っていた。また、戦国大名の居城などに見られる**惣構**は城下集落を堀などで囲むもので、城郭都市に近い施設だろう。

アテナイ

ペイライエウス

主な城郭都市

▼ 臨淄（紀元前3世紀頃）

臨淄（りんし）は中国の春秋・戦国時代の斉の都。城は王の住む小城と住民の住む大城が連なり周囲は21kmにも及んだ。城内は井の字形に大路が走っていた。古代中国の城郭都市や長城では、土を突き固めた城壁が使われた。

▲ アテナイ（紀元前5世紀頃）

ギリシアの都市国家の代表格。防壁で固められた小高い丘（アクロポリス）を中核とした内陸の都市だが、ペイライエウス（現ピレウス）もアテナイの軍港都市として発達し、市街および連絡道が城壁に囲まれていた。

▼ ウィーン（17世紀頃）

ウィーンにも中世には高い塔が点在する城壁があったが、攻城砲の普及以降、低くて厚みのある稜堡式の城壁に代えられた。この城壁は1683年のオスマン帝国によるウィーン包囲でも破られなかった。

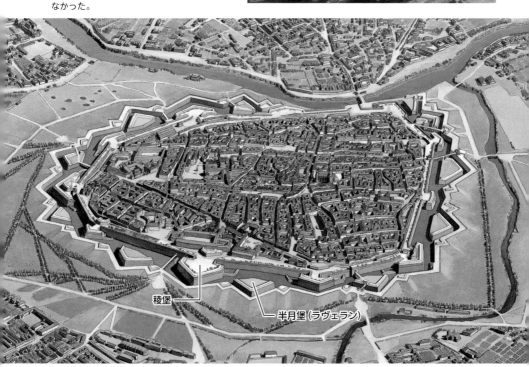

稜堡

半月堡（ラヴェラン）

17

武士の都 鎌倉

日本屈指の城郭都市はいかに築かれたか

鎌倉はわが国最初の、そして最も本格的な**城郭都市**といえるだろう。中世には「鎌倉城」とも呼ばれていた。1333年に新田義貞らの討幕軍が鎌倉を攻めた時、幕府軍はこの鎌倉城に拠って討幕軍との激闘を繰り広げたのである。

鎌倉には鶴岡八幡宮を中心に、幕府や武士の館、寺院などが建ち並び、少なくとも数万人の人口があったと推定されている。**源頼朝**が鎌倉に幕府を開いたのは、源氏ゆかりの地で頼朝が本拠としていたことなどに加えて、天然の要害だったことも大きな理由と考えられている。

鎌倉の地形は、海に面した平地を山が馬蹄形に取り囲むものだ。山は高い所でも標高150m程度だが、崖が切り立っていて登り難く、その両端が海際にまで達している。鎌倉に入るには海から船で来るか、切り立った山を越えるしかなかったのだ。

鎌倉城ではこの地形を利用して山の尾根を「城壁」とした。自然の崖が利用できるところはそれを生かし、不足な部分は山を削り人工の崖である**切岸**を設けておよそ15kmに及ぶ**外郭**を造り上げたのである。その城壁には、**鎌倉七口**と呼ばれる**虎口**（城の出入り口）が設けられた。現在も**亀ヶ谷坂**や**朝比奈切通し**などには切岸に挟まれた通路が残る。当時は門が設けられており、鎌倉時代の絵巻物『**一遍上人絵伝**』にも**巨福呂坂**の**木戸**が描かれている。虎口付近では山上の城壁も一層堅固で、特に保存のよい**名越切通し**では**削平地**を持つ山城状の遺構を今も見ることができる。

鎌倉城は外郭線の内側にも尾根が複雑に入り込んでいるが、その山上も軒並み城郭化され、外郭線が破られた際にはそこに逃げ込む構えとなっていた。また、鎌倉七口以外にも城内に入る道はあり、そのひとつ**小坪道**を押さえる**住吉城**も築かれた。これらは、一度に造られたものではなく、鎌倉時代から戦国時代にかけて完成したと考えられている。中世を通じて東国の中心都市だった鎌倉は、南北朝争乱期にも二度ほど合戦の舞台になっており、その後も常に防衛の必要に迫られていたのだ。

住吉城の麓は大量の石によって防波堤「**若江島（和賀江島）**」が造成され、人工的な入り江となっていた。鎌倉の海岸は砂浜だが、古くは満潮時に船を砂浜につけ、潮が引く干潮時に荷物を積み下ろしたため、砂浜のある入り江が良港となっていたのだ。

朝比奈切通し

杉本城

巨福呂坂

鶴岡八幡宮

亀ヶ谷坂

若宮大路

化粧坂

名越切通し

大仏坂

極楽寺坂

▲ 鎌倉とその外郭線

鎌倉は馬蹄形に取り囲む山地を城壁とし、鎌倉七口と呼ばれる虎口を設けていた。当時の海岸線は現在よりも内陸にあり、鶴岡八幡宮を中心に、その正面に伸びる若宮大路は海まで達していた。

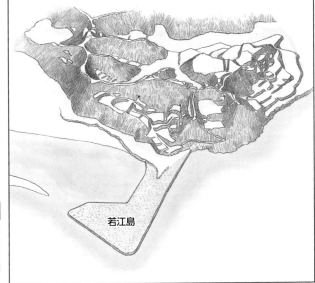

若江島

住吉城と若江島 ▶

鎌倉の南東端にあたる住吉城は中世に多い痩せ尾根型の山城で、切り立った崖に囲まれている。城内にはトンネルがいくつもある。構築された時期は不明。

19

前線基地と籠城するための城

都市間の争いから国家規模の争いへと
戦争が大規模化すると、
戦争遂行のための純粋な軍事施設としての城が現れる。

　集落単位で生活していた人の社会が多くの集落を含む国に拡大すると、集落や都市を守る城や支配者の居城だけでは領国を守ることが難しくなってくる。特に戦乱が多く戦略や戦術が発達した国や地域では、国の守りや侵略といった戦略的な目的に特化した城も数多く造られた。

　戦闘目的の城としてよく造られたのは、領国の境を守る城だ。現代でも国境を守る**要塞**は世界のあちこちに存在するが、古代から中国の歴代王朝やローマは、広大な領地の周辺部を守るために多数の城を築いている。拠点には大きな城も造られたが、国境ラインの警備には互いが連携できる距離に小さな城・砦を点在させることも有効だった。このような城は領国を守るだけでなく、隣国に攻め込むための前線基地としても重要だった。

　前線の城は、必要時には相応の軍が入る備えがあっても普段は少数の守備兵で管理することが多く、敵に攻められた際には援軍が到着するまで少数の守備兵で持ちこたえなければならなかった。そこで、軍を前線に送るための中継基地や、連絡を取り合うための**烽火台**も造られた。わが国でも戦国時代などに、これら領国を守るための城や砦が多数築かれている。

　一方、敵に領内深く攻め込まれたときに**籠城**するための城もあった。わが国の中世では、支配者の館に敵が迫ったときに館を捨てて逃げ込み、籠城戦を展開するための「**詰城**」が山などの高台に造られている。これは、山が多いわが国ならではの現象だろう。平地の城のほうが住居や支配の拠点には適するが、山を利用したほうが効率よく高い防御力を得られたため、平時の館とセットにして戦闘用の城を築くことが多かったのだ。

　戦闘用の城には、恒久的なものではなく一時的な築城もあった。野戦のための**陣地**や、敵の城を攻めるための**付城**がそれで、これらはおおむね数日程度で造られ目的を果たすと放棄された。

城の役割の多様化

領国・領土の支配者の城を中心に、国境には前線基地となる城が築かれた。その際には軍の素早い移動、連絡・通信のため、中継基地となる城も造られた。

前線基地

中継基地

城郭都市

支配者の居城

中継基地

中継基地

前線基地

前線基地

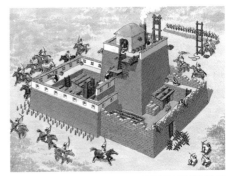

秦・漢時代の前線基地

北の匈奴（きょうど）に対する国境防衛線として造られた万里の長城。その内側には、前線基地となる砦が点在した。守備兵の生活設備と、ある程度の軍が駐屯できるスペースを備えている。

穀倉（こくそう）

古代中国では輸送路となる川の近くに大量の穀物を貯蔵した穀倉が造られ、これも城郭化された。前線に糧秣（りょうまつ）を送る兵站を担う特殊な城といえる。

烽火台

やはり秦・漢時代の遺構からの推定。このような烽火台が数kmおきに並び、そのラインは長城などの防衛線に沿うものと、内地に向かって伸びるものがあった。

序 - 5　長城

国境に築かれた城壁ライン

> **ローマや秦・漢などの古代帝国は、**
> **国境に築かれた多数の城や砦を城壁で繋ぎ、**
> **長大で強力な防御線を形成した。**

　古代からすでに国を守るために多数の城や砦が国境に築かれていたが、さらに強力な防御を求めて築かれたのが長く連なる**城壁「長城」**だ。最も有名なのは中国の**万里の長城**だが、古代ローマもブリタニア（イギリス）の**ハドリアヌスの長城（ヘイドリアンズ・ウォール）**をはじめ、帝国の周辺各地に長城を築いている。万里の長城もハドリアヌスの長城も、比較的なだらかな地形が多い場所に築かれており、砦などを点在させるだけではその隙間から敵軍に侵入される危険があったため築かれた。

　長城には一定の間隔で砦や門などが設けられた。国境線の砦を城壁でつないだ構造ともいえる。これら大規模な長城は構築に莫大な手間が必要で、簡単には造れなかった。しかし、そこまで長大でなくても、交通の要衝に城壁や防御施設を長く築く長城タイプの城は各地に存在した。山地や河川などによって軍が移動できる通路が限られている地域では、その通路を横切る城壁を設けるだけで長城に近い効果を持たせることができたのである。

　中国の関所などにもその例を見ることができるほか、わが国でも大宰府の防衛に築かれた**水城**や、奥州藤原氏が鎌倉幕府軍を迎え撃った阿津賀志山の**長塁（阿津賀志山防塁）**などが長城タイプの城に挙げられよう。また、**元寇**に備えて博多湾の浜辺に築かれた**石築地**は全長 20km に及ぶ長大な防御線であった。高さは 2m 程度だったが、士気の高い兵が守ることで大きな防御効果を上げ、元軍を撃退できたのである。

　このように城には様々なタイプが存在した。そのコンセプトは現在の**要塞**に引き継がれた部分もあるが、城は基本的に地上での近距離間の戦いのために設けられた構築物である。よって近代になって射程の長い大砲が発達し、航空機やミサイルなど遠距離から攻撃できる兵器が登場すると、城の存在意義は薄れていった。今に残された城は歴史を語る遺産となったのである。

「城」とは何か

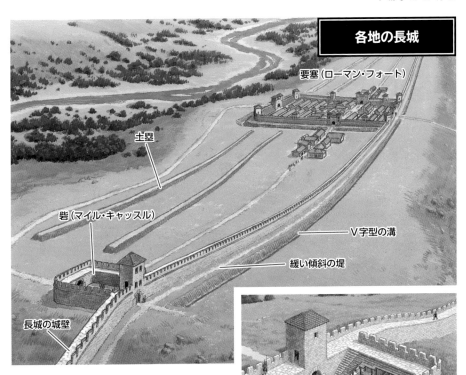

各地の長城

要塞 (ローマン・フォート)

土塁

砦 (マイル・キャッスル)

V字型の溝

緩い傾斜の堤

長城の城壁

ハドリアヌスの長城と砦

ローマ帝国のハドリアヌス帝 (76〜138年) によって、現在のイングランド北部、スコットランドとの境界線近くに築かれた長城。石を積み上げた高さ約5mの城壁はおよそ120kmに及び、約1500mおきに約1000名が駐屯できる砦 (イラスト右) が築かれた。

万里の長城 (秦時代の推定)

当時の長城は後世の石積みのものとは異なり、土の城壁からなり、大体幅3〜5m、高さ2m程であった。

石築地

文永の役 (1274年) ののちに築かれ、弘安の役 (1281年) では元軍の侵入を防いだ。総延長は20kmに及ぶ。

大宰府と多賀城

大陸の技術を導入した古代山城と城柵

古代のわが国には、のちの時代には見られない2種類の城が存在した。西日本に点在した**古代山城**と、東北各地に造られた**城柵**である。どちらも大陸の築城法を採り入れたもので、国家プロジェクトによるスケールの大きさが特徴だ。

大和政権は、663年に朝鮮半島で**新羅**と**唐**の連合軍に敗れた**白村江の戦い**のあと、大陸からの侵攻を想定した防御態勢を整え始めた。九州の玄関口、博多から内陸に入った所に、新たな政府機関である**太宰府**を設け、その政庁や街などを、2つの山城（**大野城・基肄城**）と、堀と**土塁**による長城型の城「**水城**」によって防衛した。さらに、九州から大和までの間に点々と山城を築いたことが『日本書紀』にも記されている。

これらの城は**百済**人の指導で築かれ、朝鮮半島の築城法を導入したその設計思想は、中世の山城と全く異なっている。築城の主眼は外周の城壁造りに置かれており、**版築**による土の城壁が外周を形成し、谷間に設けられた門の周囲には**石垣**が使われている。

版築とは、古代の中国でよく使われた工法で、木枠の中に土を少しずつ突き固めて城壁を造る方法だ。後世の土塁においても、木枠は使わないまでも版築状の突き固めは非常によく見られる。また石垣造りの技術は朝鮮半島で発達したものだろう。

古代山城は面積が非常に広いが構造は単純で、「**本丸**」のような中心となる**曲輪**（区画）は見られない。大野城と基肄城の場合、城内の建物はほとんど兵糧倉と推定されている。普段の生活を送る城ではなく、戦闘時に大軍が立て籠もるための城だ。

城柵も飛鳥時代から平安時代にかけて朝廷が次々造営したものだ。陸奥の国府として設置された**多賀城**はその代表で、版築による城壁と、太い角材を隙間なく立て並べる**材木塀**による外周は、延長およそ3.5kmに及ぶ。城柵は大軍の駐屯スペースを持ち、外周城壁の防御に重点が置かれているのは古代山城と共通だ。しかし、中心部に政庁がある点が異なる。蝦夷と呼ばれた東北の人々に対する支配の拠点だったのだ。

古代山城も城柵も平安時代の間に使われなくなり、その設計は後世に継承されなかった。しかし、古代の築城技術はその後の城造りに活かされた。大野城や基肄城などの石垣は今も残るほど堅固なもので、これこそわが国の城を特徴づける石垣の源流ではないだろうか。

南から見た大宰府

博多湾

大野城

水城

大宰府

基肄城

大野城城門（推定復元）

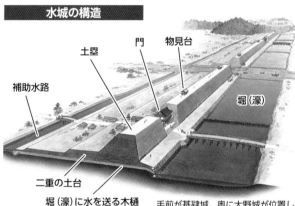

水城の構造

補助水路

土塁

門

物見台

堀（濠）

二重の土台

堀（濠）に水を送る木樋

手前が基肄城、奥に大野城が位置し、中央の山間に大宰府の政庁が築かれた。また博多湾から大宰府への進路を塞ぐように水城が横たわっていた。その巨大な土塁は高さ13m、堀幅は最長60mにも及ぶ。後世にも類例のない規模の大きさと、暗渠（あんきょ）を使って堀の端まで水を行きわたらせる技術の高さに驚く。

役所群

内郭（政庁）

中央道路

東西街道

外郭城壁

多賀城

城は平野に面した丘陵地に設けられており、微高地から丘陵地にかけては版築の城壁が、低湿地帯には材木塀を用いて外周の城壁を巡らせていた。

近代要塞

火砲の進化がもたらした城の変貌

　ヨーロッパの城が**近代要塞**へと変化していく歴史は、**大砲**の進化に対応している。大砲が攻城兵器として使われ始めたのは15世紀頃で、それ以降、実戦用の城は中世の城を象徴する石造りの高い塔が次第に姿を消し、代わりに**稜堡**築城が発達する。稜堡は大砲の砲撃を受けても崩れにくい**土塁**や煉瓦_{れんが}などを用いてより耐久性を高めた施設で、**堀**を巡らし、街を守る城壁に突出する形で築かれた。そのため**横矢掛り**_{よこやがかり}を連続させたギザギザの**縄張**_{なわばり}となるのが特徴的だ。

　やがて大砲の性能が上がり射程距離が延びてくると、稜堡の城壁が破られる前に遠距離からの砲撃で街が大きなダメージを受けてしまう問題が出てきた。そこで街を砲撃される距離まで敵を近づけさせないよう、街からある程度離れたところに衛星のように**要塞**を点在させるプランが発展した。

　我が国の幕末期に外国船の脅威に対抗するために海に面した諸藩が造営した砲台も、大きく見ればこのような近代の戦闘の変化に沿ったものといえる。幕府が江戸湾に設けた**台場**を例に取れば、江戸から約1里（約3927m）離して6つ（計画では12）の砲台を点在させ、江戸の市街が砲撃にさらされる前に品川沖で敵船を撃破する計画となっていた。

　近代の要塞になると、土塁以外に砲撃に強いコンクリートも使われるようになった。歩兵による攻撃は稜堡と同じく堀で防御することも多かったが、銃眼を備えた地下室からの銃撃が中心となり、堀に入った敵に対しては星型のような複雑な縄張よりも、堀内を見通しやすい多角形型が採用されるようになった。このような要塞や監視塔などの軍事施設を堀や通路で結んで防御網を造り上げるのが、近代要塞の総合的なプランである。

1904年の日露戦争で激戦の舞台となった旅順要塞。特に手前の東鶏冠山砲台を巡る攻防では日本軍は多くの犠牲を出した。

第一章

日本の城の変遷

日本の城はいかなる特徴を持つのか。
中世から近世までその発達と分類を解説する。

CHAPTER 1

1-1 日本の城の特徴

縄張を進化させた
地震大国の城造り

**日本の城は中世の武士が造った館や砦などを起源とし、
社会で戦争が恒常化する過程のなかで
進化を繰り返し発展していった。**

　日本の城の完成形というべき**近世城郭**は、**本丸**（主郭）を中心に多くの**曲輪**（くるわ）（城の区画）を設けた複雑な構造、広い堀と石垣や土塁による高い塁線を中心とした防御施設、天守（てんしゅ）・櫓（やぐら）・石垣などの日本独特の建造物（いわゆる城郭建築）を特徴とする。こうした世界に類例のないスタイルの城は、中世の武士たちの**居館**（きょかん）や戦闘時に拠点として造られた**砦**などが進化を繰り返して確立した。

　中世の武士たちの居館や砦は、木造の建物に地面を掘削した堀や土塁を巡らしただけの小規模なものだった。そのため防御力の不足という問題を抱えていた。中世イギリスの**モット＆ベイリー**は、初期は武士の居館と同様の土と木からなる城だったが、建造物を石造りにすることで防御力を向上させた。

　しかし地震の多いわが国では石積みの建造物は発達せず、堀や土塁などが城を構成する主体であり続けた。代わりに日本人が採った防御力不足の解決策は、「**縄張**（なわばり）（城のプランニング）をより進化させる」というものだった。居館の周囲に曲輪を増設して縦深防御を図り、通路や**虎口**（こぐち）の造りに工夫を凝らしたのだ。

　また、山地の多いわが国では、少ない工事で築城でき、高い防御効果が得られる**山城**（やまじろ）が発達したことも特徴として挙げられる。地形が複雑で平坦地を確保しにくい山城では狭い曲輪が多く、城の構造は非常に複雑になった。石垣などの築城技術が発達した近世城郭の段階になると、高い山地の利用は減少し、複雑だった城の構造は整理されて曲輪も大きくなる。しかし、本丸を核に縦深防御を図る求心的な基本プランは変わらず継承された。

　今に残る近世城郭の多くは基本的には支配者の居城でありながら、家臣屋敷なども城域に取り込んだ大規模なものだ。建物はあくまで木造建築のまま、耐火性や鉄炮に対する防御を強化し、日本独自の城郭建築として結実した。見た目も美しい城郭建築は、城主の権威を示す効果も大きく、特に天守は城の象徴として日本の城のイメージを後世に強く決定づけたのである。

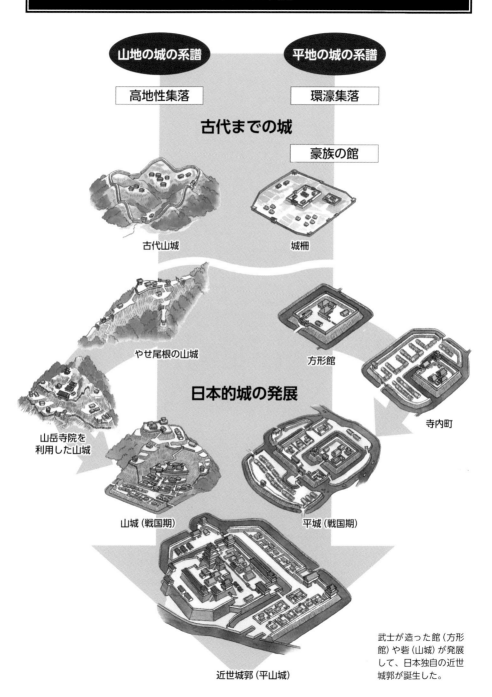

日本の城の変遷

山地の城の系譜

平地の城の系譜

高地性集落

環濠集落

古代までの城

豪族の館

古代山城

城柵

やせ尾根の山城

方形館

日本的城の発展

山岳寺院を
利用した山城

寺内町

山城（戦国期）

平城（戦国期）

近世城郭（平山城）

武士が造った館（方形
館）や砦（山城）が発展
して、日本独自の近世
城郭が誕生した。

四囲に堀と塀を巡らせた
中世武士たちの居館

鎌倉期以降、堀や矢倉などを備えた「方形館」と呼ばれる
武士たちの館が登場し、
その防御施設が中世城郭に広まった。

平安時代末期から江戸時代に至るまで、日本の城造りをリードしたのは戦争の主な担い手であった武士だ。日本の城の始まりは、彼らの館(やかた)に求められる。

鎌倉・室町期の武士の館の様子は、『法然上人絵伝(ほうねんしょうにんえでん)』や『男衾三郎絵詞(おぶまさぶろうえことば)』といった当時の絵巻物から窺うことができる。「主殿(しゅでん)」と呼ばれる建物を中心に、「遠侍(とおざむらい)」と呼ばれる武士の詰所、「会所(かいしょ)」と呼ばれる私的な客殿、台所や厩といった施設を備え、周囲を堀と築地(ついじ)などの塀で囲むのが典型的な館の構造である。『一遍上人絵伝(いっぺんしょうにんえでん)』には、門の上に設けられた矢倉も描かれており、館は城として一定の戦闘能力も備えていた。

こうした武士たちの館は多くが四角形を基本形としているため、「方形館(ほうけいやかた)」と呼ばれている。室町初期から武士の間で教科書的に使われていた『庭訓往来(ていきんおうらい)』にも、館の造り方について「四方に大堀を構え、その内に築地(ついじ)を用意すべし」と記されており、やはり四角のイメージが読み取れる。しかし、実際には川や段丘などの地形に合わせた形になることも多かったようだ。

館の主要な防御施設は堀・塀・矢倉だった。堀の幅は数m程度で、後世の城に比べると狭く用水を兼ねた水堀になることもあった。堀の内側の築地は、絵巻物を見ると上土塀(あげつちべい)となる例が多い。近年の館跡の調査では土塁が確認される例も多い。立ち上がり角度は45度から60度くらいで、敵の侵入を拒む効果は築地より劣るが、土塁は築地に比べて城兵が上に乗って高い位置から敵を攻撃できる利点があり、築地を埋めて土塁にした例もある。土塁上に板塀などを立てれば防御力が増し、より積極的に敵を攻撃できる城壁となったのである。

矢倉(やぐら)は矢の保管場所や矢座(やぐら)(射撃地点の意)であることからそう呼ばれた。中世の矢倉は下部が板壁で覆われ上部は開放的に造られた。日本の弓は上に長く射る時には左手を伸ばさねばならないため、開放的な構造が適していたからだ。こうした矢倉・土塁などの館の防御施設は広く中世城郭に応用されていった。

方形館の構造

主殿

会所

上土塀

板塀

遠侍

土塀

矢倉門

矢倉

土塁

空堀

室町時代の典型的な武士の館

イラストは飛騨の江馬氏館をモデルに
当時の方形館の様子を復元したもの。
築地が検出されていないため、建物と
堀以外は当時の方形館で使用された塀
や土塁の類型をいくつか示した。

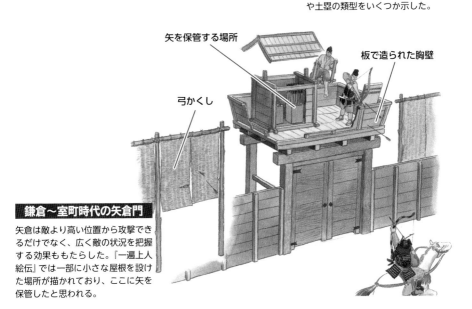

矢を保管する場所

板で造られた胸壁

弓かくし

鎌倉～室町時代の矢倉門

矢倉は敵より高い位置から攻撃でき
るだけでなく、広く敵の状況を把握
する効果ももたらした。『一遍上人
絵伝』では一部に小さな屋根を設け
た場所が描かれており、ここに矢を
保管したと思われる。

31

合戦時の臨時築城

戦が頻発化すると武士たちは合戦時に臨時築城を盛んに行った。
そこで多く築かれたのが、少ない労働力で築城でき、
少人数でも高い防御効果が発揮できる山城だった。

　記録に残っている武士による築城例の最古のものとしては、11世紀後半の前九年合戦、後三年合戦で激戦の舞台となった陸奥の安倍氏館や金沢柵が挙げられるが、その具体像は不明点が多い。ふたつとも古代の**城柵**の技法を継承しつつ、現地奥羽の武士流に造り上げたもので、居館と戦闘用の城を兼ねた大規模なものだったようだ。

　その後、治承・寿永の内乱（いわゆる源平合戦）など、大規模な内戦状態になると、武士たちは合戦に応じて新規に臨時の築城を行うようになる。陣所を防御するための堀や柵の構築はもちろん、奥州藤原氏が築いた**阿津賀志山防塁**のように、街道などの交通の要衝に大規模な長城を築くこともあった。

　合戦時の臨時築城として特によく築かれたのが**山城**だ。切り立った尾根上は、広いスペースは取れないが、少人数の兵で大軍に対抗できる城を造るにはうってつけの立地だった。また山城は、構造上自然の地形を利用することで短期間に築城できるという利点もあった。

　源平合戦で木曾義仲が築城し、平氏の大軍を迎え撃った越前**燧ヶ城**や、楠木正成が鎌倉幕府方の軍との籠城戦を繰り広げた河内**千早城**は、鎌倉期前後の中世山城の代表的な存在だ。いずれも敵が大軍で寄せてくるのに備えて築城されたもので、生活を営む場所や地域支配の拠点として設けられたものではない。

　合戦時の臨時築城では既存の施設を利用するケースもある。源平合戦の屋島の戦いの際に平氏方が陣を張った讃岐**屋島城**は古代の朝鮮式山城を再利用したものだ。また南北朝の争乱期になると山岳寺院が城郭化される例が多く見られる。当時、隆盛を迎えた山岳寺院は各地の険しい山に立地し、居住施設も完備していることから、城郭として転用されやすかったのだ。また「仏の加護」を得る意味もあったと考えられ、信仰の対象になっていた岩山や巨石「磐座」のある山に城が築かれた例は戦国期に至るまで多く見られる。

中世初期の山城

三の曲輪　　　二の曲輪　　　主郭

越前燧ヶ城

寿永2年 (1183)、木曾義仲家臣・仁科守弘らが平氏方の攻撃に備えて越前今庄に築いた城。城は平氏の侵攻をくい止める臨時築城城らしく、典型的なやせ尾根を利用した山城で、先端部に主郭、尾根続きに二の曲輪、三の曲輪が並んで配置されていた。城方は麓の川をせき止めて防御力の不足を補っていた。

小規模山城

イラストは下野国 (栃木県) にあった独鈷山 (どっこさん) 城。中世に全国各地で無数に造られた小規模な山城のひとつで、堅固な造りの城であった。文献に記録が残っていない小さな城だが、発掘調査の結果、南北朝期から室町前期に築城されたと推定されている。

既存施設の利用

比叡山や高野山などの山岳寺院は、すでに平安時代から自衛のために城郭的な構えとなっていた。南北朝の争乱期には各勢力が、山岳の修験道場や密教寺院の施設を利用し、矢倉などの防御施設を設けて城郭化した。

守護所の城郭化と惣構

戦の恒常化に伴い、平地に築かれた武士たちの館は城郭化が進み、
周辺集落を守る「惣構」や戦闘時に逃げ込む「詰城」が造られた。

　臨時に築かれた戦闘用の城は、戦闘状態の終結後は放棄されることが多かったが、鎌倉時代後期になると既存の支配体制に反抗する「悪党」とよばれた階層の人々の日常の**根城**になることもあったようだ。戦闘状態が長く続いた南北朝期には、武士たちも戦闘に備え臨時築城する機会が増え、そうした城が次第に恒久的な施設として充実していったと考えられる。

　一方、日常の住居である館の防御も強化された。堀はより広くなり、土塁は高くなって、平地（台地上）の城として発達した。段丘の先端部や川の合流点、湿地に囲まれた微高地など、平地でも要害性の高い場所を利用して館の防備を強化する例が館タイプの城郭では多く見られる。

　鎌倉・室町時代に各国の支配の中心を担った守護の館「**守護所**」は政庁としての機能を備えていたが、特に堅固に城郭化されて館タイプの城郭化をリードしたと考えられる。甲斐国の守護から戦国大名となった武田氏の**躑躅ヶ崎館**は、城郭化した守護所の典型例である。

　館の城郭化のひとつの形として、多くの館が館群を形成し、周囲の集落も含めた防御態勢をとる例もある。室町時代の東北で勢いを誇った安東氏の本拠、陸奥**十三湊**には惣領の館以外に一族のものとみられる複数の館が併設されており、館群の周囲の集落全体を堀などで囲む**惣構**が設けられていた。

　一方で、館タイプの城郭の場合、防御力不足を補うには限界があるため、防御力の高い山城を平地の館タイプの城とセットにして築城することもよく行われた。通常は館タイプの城で生活するが、強力な敵の攻撃が想定される場合は館を捨てて戦闘用の山城に逃げ込むというプランである。こういった山城を「**詰城**」と呼ぶ。古代からあったプランだが、室町時代には領地支配の拠点として平地に館を設け、その奥の山に戦闘用の詰城を設けるのが一般的になった。ちなみに躑躅ヶ崎館の場合も、詰城として**要害山城**が設けられていた。

館の城郭化

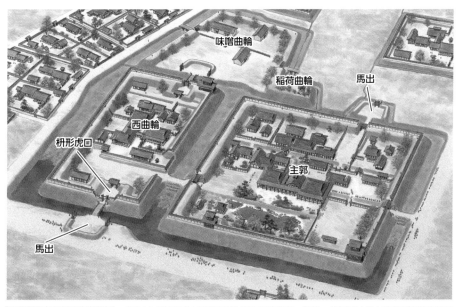

味噌曲輪

稲荷曲輪

馬出

西曲輪

枡形虎口

主郭

馬出

城郭化した守護所 イラストは天文21年（1552）頃の甲斐躑躅ヶ崎館。武田氏は代々甲斐守護職の地位にあり、館はその守護所として築かれた。信玄の父・信虎時代は単郭の方形館だったが、信玄が家督を継いで以降、西・稲荷・味噌曲輪が増設されて複郭構造の平城へ変貌する。

館群形成の例

惣構の外郭線

土塁と堀

安東氏館

陸奥十三湊は岩木川河口に広がる潟湖・十三湖（青森県）の出口に発達した湊で、中世は安東氏の本拠。堀に囲まれた複数の館は安東氏一族のものとみられ、方形館の外側に堀・土塁のラインを築いて、町屋は柵による外郭線により城に取り込んでいたと思われる。

詰城

詰城

平地の居館

平地の居館では防御力の強化に限界があるため、詰城はそれを補うべく設けられた。領国深く攻められた場合の最終防御拠点である。イラストのモデルは躑躅ヶ崎館とその詰城である要害山城。

大兵力を収容可能にした
城の複郭化

紛争・戦争の日常化によって、
戦国大名は多くの兵を収容するための
大規模な城を築くようになった。

　日本史では一般的に、応仁・文明の乱（1467～1477）以降を戦国時代と呼んでいるが、この時代、各地で合戦が頻発し、あらゆる階層で紛争・戦争が日常化することで、城の有り方も変化した。

　石見の在地領主の益田氏の事例からその変化がよく分かる。益田氏は平地の館の三宅御土居と、その近くに山城の七尾城を築いているが、規模は七尾城のほうがはるかに大きい。その中心部では主殿跡や、庭の遺構も発掘されている。つまり、戦国時代以前には館に対する詰城に過ぎなかった七尾城が、次第に拡張されて実質的に益田氏の本城になったと推定される。山城は日常生活の場には向かないが、臨戦態勢が日常化したため、その高い戦闘力を優先したのだろう。

　これ以外にも戦国大名の居城として山城が使われた例は多い。特に戦国後期には、合戦の動員兵力も大きくなり、その兵を収容するため、また敵の大軍に対抗するため、大規模な山城が現れた。上杉謙信の越後春日山城、浅井長政の近江小谷城などがその代表例だ。これらの城では、もともと平坦地が少ない山の地形に大軍を収容する能力を持たせるため、尾根に沿った曲輪の増設が繰り返され、斜面も階段状に加工して城域を拡大させていった。

　城の大型化は平地や台地、丘陵上の城でも進んだ。下野川連城では、元々あった単郭の方形館に、それを取り囲む曲輪を増設して複郭化することで城が拡大した様子が見てとれる。中心の曲輪（主郭）の外に複数の曲輪を設けて兵の収容スペースを増やし、家臣団の屋敷を城内に取り込んだ例は大変多い。

　複郭の城は、たとえ外側の曲輪を失っても、もうひとつ内側の曲輪で守ることが可能だ。山城では以前から使われていた縦深防御の手法だが、山城より築城の手間がかかる平地の城でも、戦国時代には複郭の城が多数築城された。築城技術のノウハウが蓄積され工事の効率が上がったことや、領主権力の確立により、築城者の資金力・動員力が増したためだろう。

城の大規模化と複郭化

山城の大規模化

 館（居城） ＋ 山城（詰城） ➡ 館（支城） ＋ **大規模山城**（居城）

三宅御土居

七尾城

方形館の複郭化 館 ➡ **大規模平城**

石見七尾城と三宅御土居

現在の島根県益田市周辺を支配した益田氏は日本海の水運を通じて大陸との貿易を行っており、国人領主ながら豊富な財力を持っていた。七尾城の遺構には戦国時代末期と比定される瓦葺建物跡などがあり、城は数度にわたる改修工事で段階的に大きくなっていったと推定される。

下野川連城

主郭部分は方形館そのものだが、複数の曲輪が周りを取り巻くことで防御力が強化されている。現在明確な遺構はほとんどないが、家臣団の屋敷のほか、街道と周辺の集落（根小屋）も城内に取り込んでいたと推定される。

37

1-6 戦国の城郭② 山城

敷設が容易で
高い防御力を誇る

**少ない工事で築城でき、
少数の兵力でも高い防御力を発揮できる山城が
戦国期の城の主流となった。**

　文字通り、山を利用した城が**山城**で、中世にも戦国時代にも多数築城されている。山といっても、城が押さえるべき街道や集落などから離れ過ぎては意味がないため、比高（麓からの高さ）が５０ｍから２００ｍ位の山に築かれている。

　山城の中でも、最も古くから築城されたのが尾根利用タイプの城だ。尾根の両側の急斜面を城壁とし、尾根上のポイントになる部分だけに**堀切**などの人工の障害物を構築するもので、少ない工事で高い防御力を生み出せた。小規模の山城にはこのタイプが多い。敵の侵入ルートが狭い尾根筋に限定されるため、少数の兵力で大軍に対抗するのに最適の城といえる。

　しかし戦国時代には山城が領主の居城となるケースが増え、城を大型化し建物や兵を収容するためのスペースを確保する必要が生じた。そこで、ひとつの尾根だけでなく、複数の尾根を利用したタイプの築城がなされるようになる。毛利氏の本拠・安芸**吉田郡山城**を見ると、山頂部の主郭を中心に曲輪が枝分かれして広がる尾根に沿って配置された様子がよくわかる。面を広げる平地の城に対して、線をつなげていく発想の城造りといえよう。

　スペース確保の必要性から、細い尾根筋の山だけでなく、上部が広い山塊にも大型の山城が築城された。このような山は要害性の弱い緩斜面も多いため、平坦地の確保と防御性を高めるため、**切岸**を設け緩斜面を階段状に加工した。このとき主要な曲輪から一段下がった部分を**腰曲輪**と呼ぶ。腰曲輪には中心曲輪を何重にも防御するとともに、削平地のスペースを増やす効果もあった。

　それでも山城は、平地の城より曲輪が狭くなりがちで水源も豊富ではないことが多い。そのため短期戦には強くても長期戦には弱い傾向があった。また、自然地形の利用が多い分、小さな隙もできやすかった。だが当時の戦国大名は領国内に複数の城からなる**支城網**を形成しており、支城の築城には敷設が容易で、少人数の兵でも大軍と戦える山城は最も効果的だったのである。

典型的な山城の構造

堀切

土塀

山城の利点

① 少ない工事で築城可能
② 高い防御力
③ 高所より敵を監視・察知できる

矢倉

冠木門

腰曲輪

竪堀

切岸

土橋

半月状の曲輪

竪堀

戦国時代の一般的な山城の模式図。山城の主要な防御施設は人工の急斜面である切岸と、尾根を断ち切る堀切、斜面を下る竪堀だ。斜面から近づく敵を防ぐ竪堀は、しばしば堀切と一体化した。斜面の緩い部分を削平した腰曲輪や半月状の曲輪は、切岸を造る効果もあった。

山城の縄張パターン

尾根利用タイプ

山城の最も基本的な構成。イラストのモデルは上野名胡桃（なぐるみ）城。山の尾根上に築くため細長い縄張になることが多い。

複数の尾根利用タイプ

放射線状に広がる尾根に曲輪を配置した山城。構造が複雑で小さな隙が生じやすかった。イラストのモデルは毛利元就の本拠・安芸吉田郡山城。

腰曲輪タイプ

斜面に階段状に腰曲輪を広げた山城。緩斜面に用いられ、丘陵を利用した丘城でもよく見られる。イラストのモデルは羽柴秀吉の九州攻めで激戦の舞台となった高（たか）城。

1-7 戦国の城郭③ 平城

平地の要害を利用した
地域支配の拠点

**平地の館から発展した戦国の平城は湿地や川といった地形を利用し、
地域支配の拠点や侵攻の前線基地として使われた。**

平城は文字通り平地に造られる城だ。厳密に言えば、全く平らな土地は存在しないのだが、平面的なプランの城を平城と呼んでいる。近世城郭の平城には、はじめから大名の居城として築城されたものもあるが、戦国時代の平城は中世の武士の館から発展したものが多く、小規模領主の居城などでは方形館タイプの単郭の城も引き続き使われている。織田信長生誕の城と推定される尾張勝幡城もそのひとつだが、二重の堀や屈曲のある土塁を見れば、初期の武士の館とは全く違う堅固な城の構えが見て取れる。

平城は立地上、山城や丘城のような高低差を利用した防御効果は得られないが、天然の要害を利用するのが普通だった。平地でよく利用されるのは川、池、湿地、泥田などの水で、勝幡城も湿地を背後の守りに利用している。湿地や泥田は船も入れず、川以上に敵を寄せつけない天然の堀となったのである。

戦国時代には、単郭の館から発展し、多数の曲輪を持った大型の平城も多数現れた。駿河田中城も下野川連城と同様、中世から存在した単郭の方形館を元に大型化した平城と考えられる。縄張を見れば、館を主郭として、外側に曲輪を増設して大きくなっていった様子が窺える。円形の縄張が特徴的で、どの方向の攻撃に対しても対応できる姿勢の城といえる。

平城は開けた地形に造られるため、敵の攻撃も多方面を想定しなければならない。しかし逆の見方をすれば、積極的に敵と戦うのに向いた城ともいえる。城内は十分な平坦地を確保できるので兵の収容力も高く、長い外郭線に見合うだけの城兵と充分な武器を用意すれば、大勢の敵を堀や塁に引き寄せたうえで、一気に討ち取る攻撃的な戦い方が可能だった。虎口も複数設けることで、敵の攻撃が手薄な虎口から城兵が出撃して敵の側面を突くこともできた。

もちろん平城は日常生活の場や地域支配の拠点となる居城として機能したが、他国へ侵攻する前線基地など、攻撃的な築城にも使われたのである。

平城の利点と山城との運用上の比較

平城の利点

① 在地支配の拠点となる
② 兵の収容能力が高い
③ 積極的な反撃が可能

一般に山城は戦闘正面を屋根伝いに限定しているため少人数で効率よく防御できるが、敵の側背を突くなどの積極的な反撃には向いていない。それに対して平城は比較的虎口が多いため、敵の動きに臨機応変に対応、城から出撃して敵の側背を突くことができた。

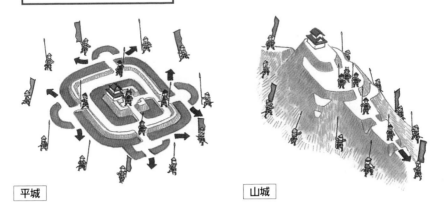

平城

山城

本郭（ほんぐるわ）　　二の曲輪

三の曲輪

馬出

戦国の平城の例

駿河田中城

同心円状に重ねた3つの曲輪と馬出が特徴的な縄張である。今川氏の城だったが、永禄11年 (1568) の武田信玄の駿河攻めにより陥落。以降信玄・勝頼二代の支配の間に三の曲輪が拡張された。江戸期にはさらに外郭を囲む堀が造られた。

尾張勝幡城

織田信長の父・信秀の居城。城は湿地に囲まれた微高地に位置し、城下集落の外側の川を天然の堀としていた。湿地を利用した縄張は、平城でも攻略の難しい城であることがわかる。

戦国の城郭④　丘城

山城と平城の利点を併せ持つ

> 地形による防御力と平坦地を確保できる丘城は、
> 領国や地域の中心の城として盛んに築城された。

　丘城とは丘陵を用いた城で、山城と平城の中間的な存在だ。近世城郭に多い平山城は、丘陵とその周囲の平地を一体として使う城のことを指し、山城と平城の中間という点では丘城と共通だ。そのため丘城を平山城に含めて分類することもあるが、戦国時代には主に丘陵部だけが城地として利用されているため、これを特に丘城と呼んでいる。

　丘城の利点は山城と平城双方の利点を併せ持つことだ。山城よりは劣るものの自然の斜面を利用した高い防御効果を得られる一方で、丘陵上は比較的曲輪が広く造れて館を設けるのに大きな不便はない。平城と同様、領国の中心として在地支配にも向いた立地といえる。

　また丘城は構造的にも山城的な部分と平城的な部分を併せ持つ。丘陵の周辺部では、山城と同じように切岸と腰曲輪による防御が多く見られ、丘陵が細長い部分では堀切も使われる。もちろん丘陵は山と比較して平らな部分や緩斜面が多いため、そのような部分では平城と同じように曲輪をぐるりと囲む横堀や土塁が多く使われた。

　戦国時代の城は台地の先端部を用いたものも非常に多いが、これも丘城の一種と見ることができる。台地上の城は、台地側から見れば高低差がないため平城と同様の地形効果になるが、低地側から見上げれば高低差のある丘城となる。上野名胡桃城も台地上の城だが、台地斜面の高低差が大きいため下からは山城に見える。

　こうした丘城では、自然と敵の進攻方向は高低差のない台地側からになるため、丘城の防御プランは台地側に対して防御ラインを何重にも厚くしたものが基本となる。尾根利用の山城が、尾根伝いに進攻する寄せ手に対して何重にも堀切を設けるのと同様で、これをもっと横幅が広い台地に応用したものといえよう。

戦国の丘城の例

腰曲輪

腰曲輪

空堀（横堀）

主郭

腰曲輪

丘城の利点

①丘の斜面を防御に利用できる
②曲輪を広くとることが可能
③在地支配の拠点にも向いている

武蔵小机城 　北条氏の重要支城であった武蔵小机（こづくえ）城は、主郭群を取り囲む横堀と、周囲の斜面に設けられた腰曲輪が防御の要となっている。

主郭

上野名胡桃城 　真田昌幸と北条氏との間で帰属が争われ、小田原合戦のきっかけとなったことで知られる。台地の２つの先端部を利用しているが、特に主郭の先では台地が細い尾根状になり、山城的な構造となっている。

瀬戸内の海賊城

「海の戦国大名」村上氏が築いた海上要塞

　戦国時代には、各地に水軍を擁した戦国大名や、松浦水軍や熊野水軍など、独自の水軍集団が存在した。彼らはいずれも、良港を持ち湊を押さえる**海城**を築城していた。海城には半島を利用したものが多く、海に突き出して湊を守ると同時に陸側から攻められたときには海が天然の堀となるプランを持っていた。

　なかでも瀬戸内海にはこうした特異な城跡群が集中して存在する。戦国時代に**村上水軍**が造った**海賊城**である。瀬戸内海は、古来から西日本の交通の大動脈で船による流通が盛んだった。だが現在の愛媛県と広島県との間の海域には芸予諸島と呼ばれる多数の島々があり、潮流が速くて狭い海峡は交通の難所となっている。室町時代から戦国時代にかけてこの一帯を支配していたのが村上水軍である。彼らは海峡を通る船から通行税を徴収する「海賊行為」を公然と行う一方で、厳島合戦では毛利元就に協力して陶氏の水軍を壊滅させるなど、強力な水軍を擁する「海の戦国大名」として独自の存在だった。村上氏は3家に分かれ、それぞれ因島、能島、来島を根拠地にしたことから、村上三島水軍とも呼ばれている。

　彼らは、人が住む大きな島だけでなく日常生活に不向きな小島にも城を築いているが、これは海上を監視し、無断で通る船舶や敵船があれば速やかに実力を行使する出撃基地と考えられている。伊予**能島城**もそのひとつで、島全体が要塞化されている。狭い海路の中に浮かび、通航する船をチェックするには最高の立地だろう。

　しかし飲み水が充分に得られないため現在は無人島となっており、当時は他の島から水などを補給したものと考えられる。能島水軍の根城＝根拠地と伝えられるが、むしろ能島水軍の「表看板」である水軍の戦いにおいて前線拠点の役割を担う城だろう。能島村上が実際に居住したのは、近くにある有人島の伯方島か大島のはずで、やや内陸の台地に居城があったと推定されている。付近には山城や狼煙台、造船所の伝承がある浜もある。

　能島城や来島城など、村上水軍が重要な海上要塞として築いた城は、海岸に**岩礁ピット**と呼ばれる桟橋を築くための柱穴が並んでいる。当時は桟橋と防御施設を兼ねた回廊が島を取り囲むように構築されていたと思われ、その威容が想像される。

瀬戸内の主な海賊城の分布図

安芸 · 備後 · 因島 · 青陰城 · 因島村上氏 · 大三島 · 生口島 · 芸予諸島 · 伯方島 · 能島城 · 能島村上氏 · 大島 · 伊予 · 来島城 · 来島村上氏

岩礁に桟橋などを設置するために人工的に開けられた柱穴、岩礁ピット。瀬戸内の海賊城に特徴的な遺構だ。

伊予能島城

能島および隣接する鯛崎島が一体となった城で、当時2つの島の間には吊り橋があったとの伝承がある。2島とも周囲のほぼ全域に岩礁ピットが検出されており、桟橋の回廊によって一周できたと推定される。

伊予来島城

来島水軍の根拠地。来島の面積は能島よりやや大きく、水利もあるので集落も形成された。周辺の海域は潮流の速い海峡で、能島城と同じく島の周囲のほぼ全域が岩礁ピットに覆われている。

1-9 戦国の城郭⑤ 本城と支城

巧みに配置された支城網ネットワーク

戦国大名は、領国内に本城以外にも目的別の支城を多数築城した。
支城群は各城間の連携を考えて配置されネットワークを形成していた。

江戸時代、大名の築城は、原則的に居城以外認めないという徳川幕府の「**一国一城令**」によって制限されていたことはよく知られる。しかし戦国時代においては大名たちの領国内には多くの城が目的別に築かれており、城同士の連携を考えて配置されていた。それらの城が構成するネットワークを**支城網**と呼ぶ。

まず隣国からの侵略を防ぐため築かれたのが国境沿いの城、いわゆる「**境目の城**」だ。この境目の城が攻撃された場合、本城まで速やかに情報を伝えるのが支城網の重要な役割だった。そこで支城網では主要な通信手段である狼煙が視認でき、かつ人の行来も無理なくできる距離に城や砦を点在させるのが基本だった。各支城の間隔は5km前後とみられ、広い領土を持つ戦国大名の支城網では、城の数もかなりの数にのぼり、本城から各方面に連携線を延ばし、木の枝のように要所で分岐させながら領国全体に広げていく形となった。

支城網の役割は、敵の攻撃を知らせるだけではない。もっと重要なのは、境目の城が敵を食い止める間に本城からの招集令を領内に伝え、地域ごとに兵を集めて軍を編成し、その軍勢を移動させて境目の城を救援することだ。そのため、戦国大名は支城網を街道などの交通路に沿う形で拡げ、地域の兵が集結する拠点となる「**根城**」や、軍が移動する際に中継地となる「**繋ぎの城**」、狼煙台などの通信基地である「**伝えの城**」をバランス良く配置して、スピーディーに援軍を送れるよう工夫していた。

敵に包囲された味方の城に対するこの援軍を「**後詰**」と呼ぶ。境目の城を攻める敵は当然、後詰が来る前に城を攻め落としたいので、相応の兵力で進攻してくる。後詰が到着すれば双方の主力が相対して大合戦に発展することもあった。境目の城が落城する前に後詰が到着すれば、敵との戦いも有利になる。そのためにも戦国大名は素早く軍勢が移動できる支城網づくりに力を注ぎ、支城網はまた隣国を侵略する際の自軍の移動や兵站にも大いに役立ったのである。

支城網と城の役割分担

多くの国人領主を被官化（家臣化）した戦国大名の支城網は、その居城（大根城）と、国人衆の居城（根城）を結んだ大規模なものとなった。イラストはそれを模式化したもの。

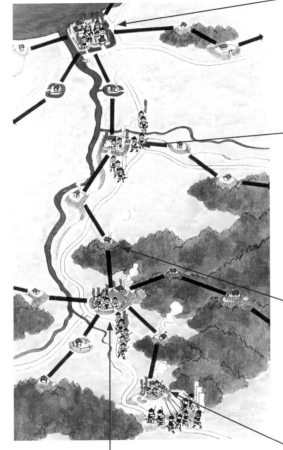

大根城（本城）

支城網の中心となる戦国大名の居城。領国統治の政庁としての機能に、大軍を集結させられる広さと高い防御力を備えていた。

繋ぎの城（中継基地）

支城網を通じて移動する軍勢の中継基地。根城同士の間隔が空いているところに築城された。中継基地という性格上、守備兵は少数でも曲輪は広く造られた。

伝えの城（通信基地）

通信連絡や監視のために設けられた小規模な砦や狼煙台。見通しのきく場所に築城するか、井楼矢倉などの高い構造物が設けられた。

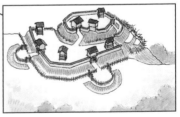

境目の城（前線基地）

国境警備のための城で、主要街道を扼（やく）する場所が選ばれ、隣国へ侵攻するための拠点にもなった。高い防御力が必要とされ、軍事機能優先で築城された。

根城（有力支城）

領国内各地の拠点となる城で、その地域の兵の集結地であり、軍の中継基地にもなった。城主は大名の一族や有力家臣が務めることが多かった。

近世城下町の前身となった戦国の城下集落

**戦国大名による家臣団の集住政策や経済振興策によって、
領主の根城の周辺に城下集落が形成された。**

　古くから城下には集落が形成されることがあった。在地領主が居城を構える場所として、その地域の中心集落近くが選ばれるのは当然で、また城は食料・生活用品などの需要があるため、商人や職人が集まる場所でもあった。

　城は、街道に面して築かれることが多いが、商人や職人が住む**町屋**の集落である**宿**はその街道沿いに発達する。現在の京都で見られるように、町屋の地割は道路に面した間口が狭く、それに対して奥行きが長い**短冊形地割**になることが多い。その中で家が建つのは道に面した部分で裏側が庭になる。これに対して、間口が広く、塀や垣根に囲まれた敷地内に母屋が建つ、近世の農家のような構成の地割は、城下では主に武家の家と推定される。

　戦国大名の家臣たちはそれぞれ本拠地を持つ独立性の強い国人領主の場合が多い。しかし彼らを被官化することで成長した戦国大名は、家臣たちを自らの居城の城下に集住させるべく、屋敷を本城の周辺に造らせた。家臣たちの独自性を否定し、中央集権的な支配体制を確立しようとしたのだろう。重臣の屋敷は城の**曲輪**内に設けられる場合や、屋敷地そのものが独立した城の曲輪のひとつである場合もあったが、多くは城の前に家臣屋敷が建ち並ぶ形で城下集落が形成された。こうした城下集落を**根小屋**と呼ぶ。

　近世の城下町では多くが新規築城のため、都市計画に則って武家地と町屋を峻別するのが通常である。しかし越前**一乗谷**朝倉氏遺跡では町屋と武家地がある程度偏った分布になるものの、混然となった部分があることが発掘調査で判明している。これは戦国の城下集落が段階的に拡大していったことを示す。

　根小屋は前線基地の城、戦闘時に籠もる城では形成されないことも多いが、領国の中心である根城では欠かせない存在となっていた。しかし城外に位置する根小屋や宿は合戦の際には真っ先に略奪や焼き討ちにあうため、城の外郭ライン**惣構**が発達すると根小屋も城内に包摂されるようになる。

根小屋の例

出雲月山富田城

月山富田（がっさんとだ）城は山陰を制した尼子氏の本城であった。城主が住む山中御殿を中心に、城の前面には家臣の屋敷が並び、飯梨川との間には町屋が形成されていた。飯梨川に流れ込む2本の小川が惣構のラインにあたり、複雑な地形に何重もの防衛線が張られている。

越前一乗谷城

越前の戦国大名・朝倉氏の本拠。当主の住む朝倉館は単郭の方形館だが、詰城である一乗谷城をはじめ複数の館や城が点在し、谷全体を守る惣構が形成されていた。さらに根小屋の発達に伴って惣構の外（上・下城戸の外側）にも町屋が拡大していたことが発掘調査などからわかっている。

武装する宗教都市

> 戦国大名や他の宗教勢力に対抗する
> 独自の自治組織となった中世の寺院は、
> 門前町の周囲を土塁・堀で囲んで寺内町という城郭都市を形成する。

平安時代以来、権門である寺院が武装する例は非常に多く、寺院と城は極めて近しい構造を持つ存在だった。戦国時代には寺院が本格的に城郭化する例が増える。織田信長に焼き討ちされた比叡山延暦寺などもその一例である。

城郭化した寺院のうち、周りの門前町をも堀や土塁などの城郭施設で囲んだものを**寺内町**と呼ぶ。真言宗寺院の紀伊**根来寺**が形成した寺内町もそのひとつである。寺周辺には根小屋のように行人衆と呼ばれる僧たちが谷合いに僧坊を構えて町を形成し、町を囲む尾根には切岸と土塁による防衛線が築かれていた。

寺内町の中でも最も顕著なのは浄土真宗一派の本願寺教団、通称「**一向宗**」が造り上げたものだ。戦国時代に現れた蓮如は本願寺の第八世で、越前東部・吉崎での布教活動を皮切りに各地で門徒を増やして、ついには洛外の山科に教団の中心となる**山科本願寺**を開いた。巨大組織に急成長した一向宗は各地で一揆を結成し、独自の自治組織となって戦国大名や他の宗教勢力に対抗した。

山科本願寺の寺内町は完全な平城の構えで、主郭に当たる本願寺の周囲に幾つもの曲輪を配置している。山科退去後、新たに一向宗の本拠となった摂津**石山本願寺**は**大坂城**の前身となる丘城で、加賀の城造りたちが築城したと伝わる。この石山本願寺は元亀元年（1570）から10年もの間、織田信長に抵抗し続け、最終的には和睦して城を退去するまで落城することはなかった。城郭としていかに堅固だったかがわかる。

これら寺内町は近世城郭の誕生にも重要な役目を果たしたのではないだろうか。中世までのわが国の建物が、城も含めて掘立柱建築で板葺もしくは茅葺が常識だったなかで、寺社建築だけは建物に礎石を用い漆喰壁や瓦・石垣も使っていた。現在も京都の西本願寺には近世城郭の櫓に似た太鼓楼があるが、当時の寺内町にも同様の櫓があったと思われる。こうした瓦・礎石・石垣の施設群が城郭建築にヒントを与えて近世の櫓が生まれたのではないかと想像できる。

城郭寺院・根来寺

谷に広がる町の前面を土塁と切岸による防衛線が囲み、要所に門や櫓があったと推定される。教団の中心となる行人衆の中核は近隣の土豪層と言われている。寺内町では鉄炮が量産され、鉄炮を使って戦う僧兵「根来衆」は、強力な軍団としてその名を轟かせた。

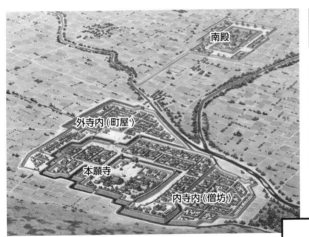

寺内町・山科本願寺

洛外・山科の盆地に位置する本願寺は、巨大な土塁と複雑な塁線により防御性を強化していた。イラストは『野村本願寺古御屋敷之図』からの推定復元。本丸相当部分に本願寺、二の丸に当たる内寺内には教団の重鎮たちの僧坊、三の丸に当たる外寺内には町屋があった。出城のように見える南殿は蓮如の隠居所。

本願寺の太鼓櫓 ▶

現在の本願寺の鼓楼を参考にした想像図。当時の寺内町ではこのような建物が、実質的な櫓として設けられたものと思われる。

◀ 内寺内の僧坊

根小屋の家臣団屋敷とよく似た構造を持つ。

1 - 12　戦国の城郭⑧　惣構

城域を囲む長大な外郭ライン

**戦争が大規模化した戦国期後半、「惣構」を備えた城が増え、
城と城下集落の一体化をもたらした。**

　戦国時代の後半になると、城の周囲を横堀や土塁などで囲った**惣構**が一般化する。日本の城郭は縦深防御を基本のプランとするが、惣構は城の防御ラインを城の中心部から大きく前進させる防御施設で、城側からみれば大きな野戦陣地のようなものである。広い面積を有する惣構ならば内側に大軍を収容して積極的に寄せ手に反撃を加えることができ、また十分な兵力と火力があれば惣構のラインで敵を破砕することも可能であった。北条氏の相模**小田原城**や豊臣氏の**大坂城**の巨大な惣構はどちらも籠城戦でその効果を遺憾なく発揮し、力攻めで落城することはついになかった。

　戦国の合戦では、城方に経済的ダメージを与え、城兵の不安を煽ったり挑発したりするために敵の城下や根小屋で略奪や焼き討ちを行うことが常だったが、城下集落を惣構で囲い込めば略奪や焼き討ちに遭う危険性も減り、商人や職人の定住に繋がれば、城下の経済的繁栄と発展が期待できる。

　また商人や職人の住む町屋や田畑を取り込むことで、籠城に必要な食糧や軍需品の自給が可能となるため長期籠城にも耐えられた。しかし逆に見れば、惣構は領民や職人が逃げ出さないようにする「檻」ともいえる。町屋は街道を中心に発達することが多く、これを惣構に取り込むと必然的に街道に門を設けることになる。そうすると、街道を往来する人や物資の出入りを管理する関所の役割も担うようにもなる。当時は商工業者に対する支配が確立しておらず、彼らを城下に集住させ支配下に置くことは戦国大名に共通する政策である。惣構は領民を領主の支配下に置き、否応なく領主の「総力戦」に巻き込んだのである。

　戦国期の城郭には意外に惣構を持つものが多いが、当時の城下集落は近世の城下町より城域が小規模なものも多く、惣構の構築にそれほど手間がかからない場合も多かったためである。また越前**一乗谷城**のように自然の地形をうまく利用して惣構を造る例も少なくなく、河川や段丘などが利用された。

惣構の概念

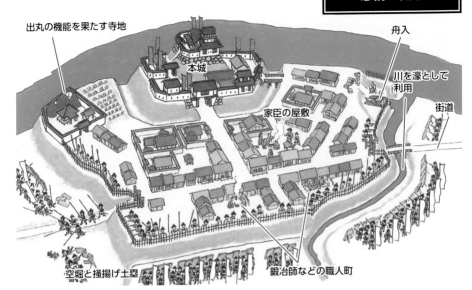

- 出丸の機能を果たす寺地
- 本城
- 舟入
- 川を濠として利用
- 街道
- 家臣の屋敷
- 鍛冶師などの職人町
- 空堀と掻揚げ土塁

戦国時代の根城を想定した模式図。惣構は城外の町屋をも取り込んだ防御ラインで、川や段丘などを最大限に利用し、不足した部分は堀や土塁、柵などを使って構築した。城下の街道や湊を取り込むことも多く、街道の入り口が惣構の虎口となった。

様々な惣構のプラン

▲ 山利用タイプ

モデルは越前一乗谷城。適度に平地のある谷を利用し、谷の入り口を固めて周囲の山に土塁や出城を配する。

▲ 川利用タイプ

モデルは尾張清須城。惣構の一部に川を利用するものは平城に多い。

◀ 中洲利用タイプ

モデルは長門萩城で、川の河口に形成された中洲を城域とし、そのまま惣構としている。

1-13 戦国の城郭⑨ 巨大化する戦国城郭

大名権力の強大化とともに拡大する戦国の山城

戦国期後半には、比較的小規模だった山城が大規模化し、山全体を城郭化した。
大名居城の巨大山城も登場し、麓の城下と一体化したものも現れる。

　群雄割拠の戦国時代も後期になると、より強い者が他を淘汰して少数の戦国大名が強大に成長した。大名権力の強大化に伴って、非常に大規模な城が現れてくる。戦国時代は目的別に大小様々な城が造られたが、中でも戦国大名の本城や有力な国人領主の根城が大型化していった。その城主が成長して他の領主を服属化させるなどで家臣が増加するのに伴って、城も根小屋も規模が拡大化し、また惣構も設けられて巨大な城となっていったのである。

　特に大型化によってスタイルが変化したのは**山城**だ。戦国時代前半では平地の居館と山の詰城のセットはある程度離れていることが多かったが、本城としての山城が一般的になると、山城のすぐ麓に日常生活を営む館や根小屋が造られるようになる。さらに山城が大規模化すると、山頂部だけを利用していた山城が山全体を利用するようになり、山麓部と繋がるものも登場する。

　六角氏の本拠、近江**観音寺城**も巨大城郭のひとつだ。山は麓からの比高が300ｍ以上あるため、城が麓の館や根小屋と繋がるまでには至っていないが、山の上半分を城郭化している。さらに尼子氏の本拠だった出雲**月山富田城**や、下野**多気山城**、北条氏の相模**小田原城**は、観音寺城より若干比高が低いため、山の頂上から麓の平地部分まで、壮大なスケールで城が一体化している。

　こういった戦国大名の本城は巨大化すると同時に防御施設も強化されていった。観音寺城では各所に**石垣**が構築されている。近年、専ら土の城と思われていた戦国城郭でも小規模な石垣が発見される例は多いが、観音寺城の石垣の使用量は戦国城郭では群を抜いている。

　天正年間（1573〜93）に築城された多気山城では、従来の山城にはない**横堀**ラインが見られる。従来の山城は、複雑な自然地形を生かして構築するため、塁線に隙もできやすい。多気山城の山腹を走る横堀は、城の中心部を隙なく囲み、外郭と内郭を明確に分けるもので、近世の平山城的な発想のプランといえる。

大規模な山城

山全体を城郭化した例

主郭

麓の館

近江観音寺城
琵琶湖の東岸・繖（きぬがさ）山に築城された近江半国の守護六角氏の本城で、山の上半分を城とした大規模山城の代表である。享禄3年（1530）前後にそれまでの詰城が大きく改修されたものと推測され、中心的な曲輪の多くが石垣に囲まれているのも特徴である。

横堀ラインを設けた例

主郭

尾根筋の曲輪群

横堀ライン（内郭線）

横堀ライン（外郭線）

下野多気山城
下野の宇都宮氏が北条氏の侵攻に対して、天正4年（1576）以降、平地の宇都宮城から新しく本拠とした堅固な山城。当時の最新の築城技術を投入して断続的に改修されたと推測される。従来の山城の基本プランである尾根筋に曲輪を配置する縄張に加えて、山の中腹に長大な横堀ラインを設け、さらにその外側に外郭線を設けて平野部をも城域に取り込んでいる。

1 - 14　近世城郭の登場①　織豊系城郭

近世城郭の要素を備えた「織田・豊臣」大名たちが築いた城

信長とその家臣団によって築かれた石垣と天守、
瓦葺の礎石建物を備えた「石の城」が、
その後、秀吉の手により全国へ拡大する。

　織田信長、豊臣秀吉、そして彼らの配下出身の織豊取立大名たちが築いた城は、それまでにない新しいスタイルを持った初期の近世城郭と呼べるものだった。これらの城をとくに**織豊系城郭**と呼ぶことがある。

　織豊系城郭の特徴として挙げられるのは**石塁**（**石垣**）の本格的な使用である。また櫓が**瓦**を用いた**礎石建物**になり、土塀を**瓦葺**にしたことも特徴として挙げられよう。さらに**漆喰**による**塗込壁**で仕上げることも織豊系城郭から一般的になったと考えられ、加えて主郭（本丸）には城内最大の櫓・**天守**が設置される。我々が連想する近世城郭の要素は織豊系城郭で一気に出揃った感がある。

　天正４年（1576）の築城で信長の最後の居城となった近江**安土城**は、聳え立つ豪華な**天主**（天守）と石垣が信長の力をまざまざと見せつけ、新しい時代の城のイメージを決定付けた。だがその前に居城としていた美濃**岐阜城**もすでに石垣や天守などを備えており、次々に築城された信長家臣たちの城も岐阜城に倣ったものだったようだ。元亀２年（1571）築城開始の明智光秀の近江**坂本城**では、石垣や礎石建物があったことが発掘調査で確認されているし、天正３年（1575）築城の柴田勝家の越前**北ノ庄城**には安土城天主に匹敵する高層の天守があった。

　織田信長の勢力拡大に伴い、織田家家臣たちは新しい領地を統治することになった。新しい領主となった織田家家臣たちが在地の領主たちや領民に対して、織田政権の強力さを示し、従わせるには信長式の「見せる城」は非常に効果的だったと考えられる。石垣と天守、瓦葺の礎石建物を備えた織豊系城郭は見栄えも良く、それまでの土の城とは印象が大きく異なるからだ。

　信長亡きあと、後継者となった秀吉も織豊系城郭を発展させていった。従来の城に比べて築城に労働力や資金がかかる織豊系城郭だが、織豊政権の経済力と権力がそれを可能にしたと考えられる。さらに秀吉の家臣たちも各地で織豊系城郭スタイルの城を築き、織豊系城郭は急速に全国へ広まった。

織豊系城郭の特徴と安土城

大入母屋屋根

○石垣の使用
○礎石建物（天守・重層櫓）
○瓦の使用

⬇

虎口や塁線の強化による防御力の大幅な向上
権力・権威を見せつける示威的な効果

安土城天守 ▶

天守下部の構造には諸説あるが、『信長公記』
などの記述から大入母屋屋根と、その上の構
造はほぼ特定できる。内部は狩野派の障壁画
で飾られ、信長の居室などがあったとされる。

安土城天主
琵琶湖
本丸御殿
摠見寺
大手道

南から見た安土城　城の中央階段にあたる大手道周辺は、麓から山上まで石垣が連続する「惣石
垣（そういしがき）」となり、その壮観な光景は訪れる人や、領民、近くの街道
を通る通行者の度肝を抜いたと想像される。山頂には天主（天守）をはじめ、
天皇の行幸殿と推定されている本丸御殿などが建ち並んだ。

信長の居城

平城から山城へ──居城の変遷に見る「高さ」への執着

　織田信長は、その生涯のなかで幾度となく居城を変えたことで知られる。それまでの本拠に足を置きながらも、その時の戦略目標に応じて次々と居城を移した。

　その居城の立地は、平城、丘城、山城と変遷している。尾張の平野を領地としていた尾張統一期の信長の居城が那古野城や清須城といった平城となるのは至極当然であるが、その時点ではまだ平城の縄張は方形館を基に曲輪を重ねるオーソドックスなものに過ぎなかった。その後の美濃攻略をにらんで造られた小牧山城は小高い丘に築かれ、そのプランは近世の平山城に共通するものが見られる。

　畿内進出を見据えて次に居城とした岐阜城は麓と主郭（山頂部）との比高差がかなりあるものの、山頂の詰城と麓の居館がセットとなった典型的な山城だ。最後に居城とした安土城は岐阜城よりは低いが地形的には山城に分類される。

　信長のように居城をだんだん高い所に移した大名はかなり珍しく、宣教師ルイス・フロイスの記録を読むと、信長の高い所好きがわかる。岐阜城の麓の御殿には庭に面した4階建ての楼閣があって岐阜の市中が見渡せ、山の頂上にも石垣に囲まれた城と天守があったという。記録からは本丸御殿と天守のイメージが読み取れるが、近世城郭の天守のような倉庫的イメージではない。岐阜城の天守は室内が豪華に飾られ、実際に信長が住んだ別邸のようだ。安土城でも山頂の天主（天守）内に様々な装飾が施され、信長がそこに住んだことが『信長公記』の記述からわかる。信長は平野部出身だけに、国中を見渡す城を造ってその頂点に住もうと考えたのだろうか。かつてない安土城の高層天守もこの高さへの情熱が生み出したのだろう。

　信長は居城を移すたびにその城下町の経済発展に力を注いだ。信長の経済政策では、岐阜や安土の楽市楽座による繁栄が思い起こされるが、那古野城や清須城でも、すでに家臣団の屋敷地と町屋が建ち並ぶ大規模な城下町が発達していたと推定される。また信長は商業発展には水運の掌握が不可欠ということを、伊勢湾水運で栄える商業都市・津島の支配から学んでいた。安土の城下には琵琶湖水運の水路が多く入り込んでいたが、近世に経済の中心地となった大坂や江戸もまさに川や運河が縦横に入り込む水の町で、安土城はその先鞭をつけたものといえよう。

信長の居城の変遷

平地の城		丘城	山城	
那古野城 → 清須城	→	小牧山城 →	岐阜城 →	安土城

主郭

那古野城

信長の父・信秀が謀略で奪い取り、信長が初めて城主となった城で、現在の名古屋城二の丸の地に位置した。北側には「御深井（おふけ）」と呼ばれた沼沢地が広がる。城の周囲には家臣の方形館が建ち並んでいたと推定される。

町屋

主郭

家臣団屋敷

小牧山城

清須城を根城に尾張統一した信長が、美濃侵攻のために、永禄6年（1563）に居城として新築した丘城。丘全体を城域として多数の曲輪を設けた縄張は近世の平山城に近いプランで、麓に根小屋や家臣団屋敷を取り込んでいる。

山城の天守

信長の館

麓の天守

惣構の堀

町屋

岐阜城

永禄10年（1567）、信長は斎藤龍興の稲葉山城を落城させ美濃を平定、稲葉山城を改修して岐阜城とした。縄張は山麓の館と高く険しい山頂の詰城がセットになった典型的なものだが、それぞれに天守が設けられていた。

「土の城」から「石の城」へ

**石垣の本格的使用は城主の権力を示すだけでなく、
瓦葺の礎石建物・塗込壁の塀の設置を可能にするなど、
防御力の飛躍的な向上をもたらした。**

　石垣の使用自体の歴史は古く、古代山城でもすでに使われていたが、中世の城で使われた例は少ない。織豊系城郭以前の城はほとんど「土の城」だというのが城郭史の常識となっている。ただしそれは中世・戦国時代にあまりにも多くの城が造られたため、石垣を使用した城が相対的に少ないだけで、必要に応じて小規模の石垣を使う例はそれなりにあった。特に多いのは、武蔵**鉢形城**や伊予**湯築城**などに見られるように、土塁の土台として築かれる石垣や山城の切岸造成に使われる石垣だ。だがそれらは土では弱い部分を補強するためのもので、石垣で塁線を形成することはまずなかった。戦国時代にはひとつの城に手間をかけるより、短時間で効率よく築城することが最重要だったからだろう。

　しかし戦国大名が、居城を大規模にまた見た目も立派に造るようになると、石垣を大規模に使って城主の権力・権威を示す城が現れてくる。六角氏の近江**観音寺城**や摂津**芥川山城**はその代表である。信長の**岐阜城**でも巨大な石を使った石積みが発見されている。そういう石垣の使用をさらに大規模にして生まれたのが**安土城**の石垣だったといえよう。

　織豊系城郭ではそれまで以上に高い石垣が造られるようになったが、まだ反りはあまり付けられず、近世の石垣ほど高くはできなかった。大阪の地下鉄工事で発見された秀吉時代の大坂城石垣は、現在に残る徳川期の大坂城石垣と比較すると、素朴で石も小さめだったことがわかる。また石垣の積み方も「**野面積み**」と呼ばれる石の間に隙間を残す積み方で、技術的には未熟だった。

　しかし石垣の本格的な導入は城の防御力の飛躍的な向上をもたらした。塁の天端はエッジが明確になり塁線の隅角部が直角に造られるようになったこと、また塁線上に鉄炮使用に適した瓦葺の**重層櫓**や**塗込め壁**の塀が天端のエッジに寄せて建てられるようになったことから、塁線の隙がなくなって塁線上から強力な火力を発揮できるようになったのである。

石垣使用の変遷

実用面(土塁の補強など)
＋
権力・権威の象徴
⬇
惣石垣の城

織豊系城郭以前の城においても土塁の補強など実用的な面で石積み自体は採用されていたが、本格的な石垣構築の技術を持つ職人は寺社に所属していた。信長は畿内を制圧する過程で、それら職人も支配下におさめ、その技術を城郭に転用、惣石垣の城を生み出した。

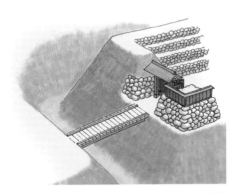

土塁の土台となる石垣

北条氏の有力支城だった武蔵鉢形城で発掘された石垣を用いた土塁。階段状の石垣は、土塁の外側ではなく内側にあることから、防御施設ではなく土塁を強固にするための石積みだったことがわかる。

権力・権威の象徴としての石垣

三好長慶の居城、摂津芥川山城の石垣。主に大手口に使用されていることから「見せるための石垣」だったと思われる。山城では水はけの良い石垣が水浸食対策として使われることもあった。

惣石垣の城

織田信長が元亀元年(1570)に比叡山や浅井・朝倉氏に対する前線拠点として築かせたのがこの近江宇佐山(うさやま)城で、初期の織豊系城郭のひとつである。主郭はほぼ惣石垣となっているが、まだ高い石垣は積めず、階段状の石垣になっているところがある。

弓から鉄炮への対応で進化

**戦国期後半に普及した鉄炮と戦術の革新により、
簡易な臨時施設「矢倉」が恒久的な礎石建物「櫓」に進化した。**

　戦国時代の**矢倉**は、中世の武士の館に見られる開放的なものが引き続き使われたほか、より高さのある**井楼矢倉**が多用された。戦国時代の城造りを知ることのできる史料『築城記』では、矢倉は塀の内側に造るよう記されている。南北朝期の『後三年合戦絵巻』には塀の上に乗る矢倉も描かれている。矢倉は塀などの後部に造られる城の臨時の付属施設だったと考えられる。

　これらの矢倉は、弓矢での戦いには向いていたが、新兵器である鉄炮に対しては防御力不足だったと思われる。このため戦国時代の後期になると、耐弾性と耐火性のある土壁を持つ**櫓**が登場してきた。当時の屏風絵、上杉本『洛中洛外図屏風』からそのことが窺える。厚い土壁で覆われた**重層櫓**は耐弾性に優れ、また弓だと上弭が壁に当たるため上部を開放した構造にしなければ扱いにくくなるが、鉄炮ならば小さな**狭間**（銃眼）さえあれば敵を狙い撃つことが可能だ。

　松永久秀の本拠・大和**多聞城**は遺構がほとんど残っていない城だが、織豊系城郭と共通する先進的な要素を持っていたことで知られる。史料によれば多聞城には石垣が使用され、**四階櫓**などの重層櫓や多門櫓が建ち並んでいたという。当時もっとも近世城郭に近い城であり、壁を持つ櫓もあったと推測され、宣教師ルイス・デ・アルメイダによれば、多聞城には瓦葺で壁が白い建物が建っていたという。織田信長は多聞城などの城を参考に壁を持つ櫓を採り入れていったのだろう。

　礎石建築の採用により、掘立建築では不可能であった、石垣の塁線の端一杯に櫓を建てることが可能になった。織豊系城郭では石垣の塁線上に単層の櫓を多数設置し、さらには櫓を塀のように長く繋げた**多門櫓**を採用することで、単純な防御ラインながらも濃密な鉄炮の火力による防御戦闘が行えるようになった。また耐火性を増すための瓦葺屋根や、櫓の軒裏まで漆喰で覆う**塗込め造り**も採用されて、近世の櫓は完成する。矢を武器とした簡易な臨時施設「矢倉」が、鉄炮で武装する恒久的な瓦葺の礎石建物「櫓」に進化したのである。

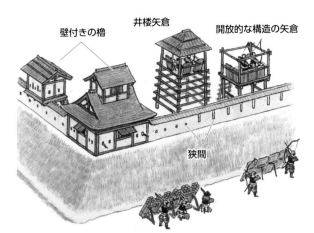

壁付きの櫓　井楼矢倉　開放的な構造の矢倉

狭間

櫓の発達

◀ 戦国時代の矢倉（櫓）

舞台状の開放的な矢倉と井楼矢倉は弓の戦闘を想定した施設で、戦国初期では塀の狭間も矢を射るため縦90センチ程度と細長いものだった。左は戦国後期に現れたと思われる壁付きの櫓。鉄砲の導入に伴って登場した櫓だがまだ木部の見える造りで耐火性は高くない。

小さな二階を乗せた櫓 ▶

『長篠合戦屏風』に描かれた櫓を想像で補って復元。この屏風絵自体は江戸前期の制作とされるが、描かれた櫓は戦国後期に登場した初期の二階櫓のイメージをよく伝えている。

天守　隅櫓

二階櫓

多門櫓

▼ 掘立建築と礎石建築

戦国城郭の建物はほとんど掘立建築（左）だったが、織豊系城郭では主に寺社建築で用いられていた礎石建築（右）を採用し、建物の耐久性を飛躍的に向上させた。

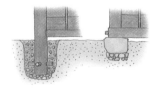

◀ 初期の織豊系城郭の櫓

イラストは山城勝龍寺城の推定復元図。元は守護所の方形館タイプの城だったが、元亀2年（1571）の細川藤孝による改修により多門櫓・二階櫓・天守を備えたと推定される。

1-17　近世城郭の登場④　天守の出現

戦闘指揮所にして
城の最終防御拠点

**天守は、城のシンボルとしてだけではなく、
戦闘時に指揮所となるなど、
大櫓ともいえる防御施設だった。**

　初めて**天守**と称される建造物が造られた城はどれか。松永久秀の居城であった大和多聞城とも信長の岐阜城、清須城とも言われ明確ではない。しかし「天守」と呼ばれずとも、城館のシンボルとなる**楼閣**はそれ以前から存在していた。現在「金閣寺」として親しまれる**鹿苑寺舎利殿**は、元々は**足利義満**が応永4年（1397）に造営した北山第の一部で、武士が邸宅に楼閣を設けた初期の例だ。

　信長が岐阜城山麓の館に建てた四階建ての楼閣も、御殿の一番奥の山裾に近く、庭に面して建てられ、茶室も備えていたことが宣教師ルイス・フロイスの記述からわかる。天守と御殿の配置がわかる初期の近世城郭では、必ずといってよいほど本丸御殿の奥側に天守が位置しており、御殿の楼閣と似た位置を占めている。岐阜城などの楼閣が、近世城郭の天守のように戦闘機能を備えたものとは考えられないが、天守の起源のひとつであるといえよう。

　しかし織豊系城郭の重要な要素であり、近世城郭にも引き継がれる天守の条件とは、装飾的な面だけでなく、やはり戦闘時に重要な役目を果たしうる防御施設であるということだ。城内で最も高い建造物でもある天守は戦闘指揮所となり、城の最終防御拠点となった。天守のそうした大櫓的な要素のルーツは**城郭寺院**や**寺内町**にある。近世城郭でよく見られる**入母屋屋根**の天守や櫓は**本願寺**の**太鼓楼**などを応用したものだろう。**安土城**の天主（天守）造営で活躍したのが寺大工だったことからも、寺院建築の応用は明らかだ。

　安土城の天主が大きい入母屋屋根の建物に小さい**望楼**を乗せた構造だったことは、『信長公記』の記述からも疑いない。各地に現存する天守のうち古いものは安土城と同様の構造を持ち、これらは**望楼型天守**と呼ばれている。もっとも安土城独特の八角堂の構造などはその後造られた例がない。今に残る天守のイメージを定着させたのは、信長の後継者となった秀吉が建てた数多くの城の天守だったと考えられる。

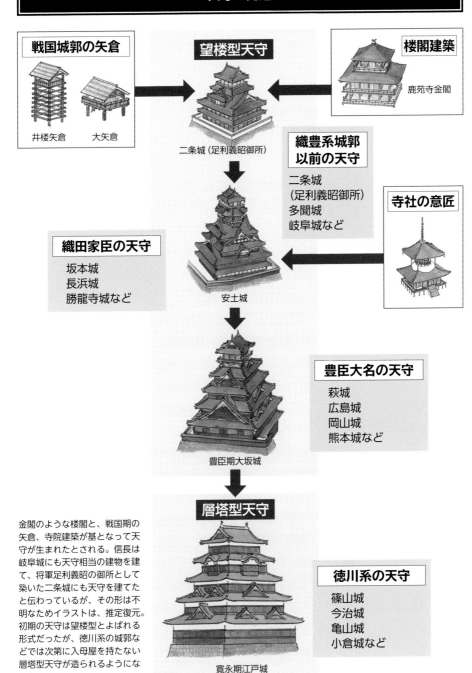

天守の発達

戦国城郭の矢倉

井楼矢倉　大矢倉

望楼型天守

二条城（足利義昭御所）

楼閣建築

鹿苑寺金閣

織豊系城郭以前の天守

二条城
（足利義昭御所）
多聞城
岐阜城など

寺社の意匠

織田家臣の天守

坂本城
長浜城
勝龍寺城など

安土城

豊臣大名の天守

萩城
広島城
岡山城
熊本城など

豊臣期大坂城

層塔型天守

寛永期江戸城

徳川系の天守

篠山城
今治城
亀山城
小倉城など

金閣のような楼閣と、戦国期の矢倉、寺院建築が基となって天守が生まれたとされる。信長は岐阜城にも天守相当の建物を建て、将軍足利義昭の御所として築いた二条城にも天守を建てたと伝わっているが、その形は不明なためイラストは、推定復元。初期の天守は望楼型とよばれる形式だったが、徳川系の城郭などでは次第に入母屋を持たない層塔型天守が造られるようになった。

65

秀吉が築いた惣石垣の城

天下人となった秀吉は、
最新技術を投入した大規模築城を次々と行った。
それら石垣と堀で囲まれた城が、近世城郭の見本となった。

　豊臣秀吉は信長以上に生涯で数々の城を築いた。まだ織田家の家臣だった天正年間初期に築いた近江**長浜城**、播磨**姫路城**は、どちらも元々あった戦国城郭を織豊系城郭に大きく改修したものだ。どちらも初期の織豊系城郭のスタイルを備えたものだったと推定されている。天下人となった秀吉は政治・軍事上の理由から、「普請狂い」と称されるほど、その生涯を終えるまでに次々と大城郭を造り続け、織豊系城郭のスタンダードを確立させた。とくに**大坂城**と山城**伏見城**はのちの**近世城郭**にも大きな影響を与えた城である。

　秀吉は信長横死後の天正11年（1583）に大坂城の築城を開始する。城は「畿内随一の城郭」といわれた**石山本願寺**を大規模に改修したもので、上町台地の北端部に位置する平城に近い丘だ。安土城の石垣使用が城の正面中心で背後に自然地形を多く残していたのに対し、秀吉の大坂城は本丸、二の丸まで完全に石垣と堀で囲まれ、自然地形のままの部分はなくなっている。つけ入る隙のない堅固な構造は、近世城郭の見本になったであろう。

　伏見城は秀吉の「隠居城」として大坂と京都を結ぶ水運の要衝・伏見に築いた城で、秀吉晩年には実質的な日本の「首都」だったが、その築城経過は複雑だ。当初、城は低地の向島・指月に立地していたが、文禄5年（1596）年の地震で施設の多くが倒壊。その後、巨椋池の北に位置する木幡山に場所を移して再建された。秀吉死後も「首都」である伏見は徳川家康などによる改修を受けている。

　秀吉は他にも京都の**聚楽第**や**淀城**など多くの城を築いたが、どの城も遺構が明確でなく謎の部分も多い。比較的多くの遺構を残すのが、小田原合戦時の陣城である相模**石垣山城**と、朝鮮侵略の本陣となった肥前**名護屋城**だ。両者とも山や丘陵を利用した城だが、最高所の本丸をはじめ、その一段下の曲輪まで隙のない惣石垣造りである。本丸には御殿を建てるのに充分な広さがあり、各曲輪も大きく整然としており、近世城郭が急速に完成していったことを窺わせる。

大坂城と伏見城

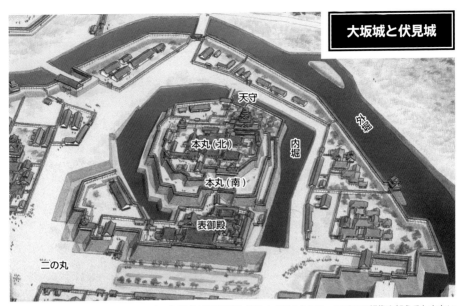

天守
本丸(北)
内堀
外堀
本丸(南)
表御殿
二の丸

豊臣時代の大坂城 　豊臣時代の大坂城は徳川時代に埋め立てられたため、再現には想像を加えるしかない
が、本丸部分だけは、城大工の中井家に伝わる絵図によって建物配置の復元までが可
能である。徳川の大坂城と大きく相違するのは、本丸が南北ふたつに分かれているこ
とで、本丸北側には腰曲輪を伴った階段状の構造が見られる。これらは大坂城の前身
であった石山本願寺の構造を受け継いだ部分と考えられる。

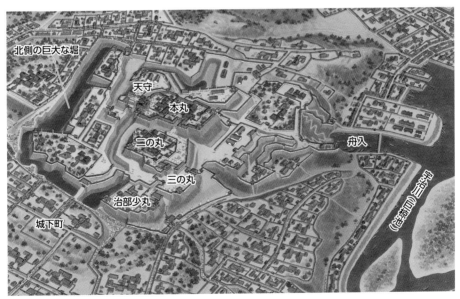

北側の巨大な堀
天守
本丸
二の丸
舟入
三の丸
治部少丸
城下町
(宇治川)三栖口

伏見城(木幡山) 　伏見城は秀吉晩年の居城でかつ豊臣政権の「首都」でもあった。城の西側(左下)の段々低
くなる地形に城下町が建設され惣構の堀も設けられた。北側の巨大な堀は空前規模の土木
工事で築かれたもので、地形に制約されることなく重層櫓と高石垣のラインからの火力発
揮で敵の撃破を可能とした。豊臣政権の経済力と技術力、軍事力を体現する城である。

日本軍が朝鮮半島に築いた 「境目の城」

文禄・慶長の役において、
日本軍は補給線を確保するため日本式の城＝倭城を築く。
この大陸での戦いで得た戦訓・技術が近世城郭に生かされることになる。

　文禄元年（1592）、豊臣秀吉は従来より宣言していた「唐入り」を実行するため、西国大名を中心とした約16万の軍勢で朝鮮半島に侵攻を開始した。いわゆる**文禄・慶長の役** (1592～1598) である。朝鮮の軍民はいうに及ばず、日明両軍にも多くの犠牲者を出した悲惨な戦争だったが、日本の城郭史のなかでは重要な出来事となっている。遠征した日本軍は朝鮮侵攻の拠点として釜山を中心とした朝鮮半島南部の各地に多くの日本式の城を築いた。これを研究史上では**倭城**と呼んでいる。戦争初期、明軍の参戦により守勢にまわった日本軍は占領した朝鮮の**邑城**を拠点の城としたが、中国の羅城や古代山城の系譜の邑城では火器を装備した明軍の攻撃を支えるには防御力が不足気味だった。また渡洋遠征軍である日本軍は常に補給路の不安を抱えていたが、日本の水軍は総力では朝鮮側に勝るものの、名将・**李舜臣**が率いる朝鮮水軍には敗戦続きで軍港を守る必要に迫られていた。倭城はこのような事情から築城された。

　現在、確認できる倭城はおよそ30城ほどで、その多くが海岸沿いの丘陵などに立地し、外郭線を巡らせ港を確保する構造となっているのが特徴である。遠征軍全体のベースキャンプとなる**釜山城**、最前線の攻撃拠点である**順天城**などの役割の違いはあるが、どの城も「**境目の城**」としての性格が強い。味方が攻勢に出る際には出撃拠点となり、敵が攻勢に出てきたら敵の攻撃を受け止めて戦えるよう、軍事最優先で築城されていた。順天城や**泗川城**は大軍が駐屯可能な広い外郭を持ち、その防御ラインに敵を引き寄せて討ち取り、機を見て逆襲することもできる攻撃的な構えとなっていた。

　倭城は短期工事で築城されたため、地形を最大限利用した戦国的な部分も見られるが、実戦のための縄張や防御施設の工夫が進められた。近世城郭の防御施設には、**登り石垣**や**高麗門**など、倭城以降に使われ出したとされるものもある。日本の近世城郭は、倭城の築城を経て完成されたのである。

倭城の基本プラン

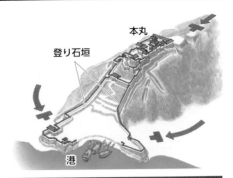

出撃拠点としての倭城

イラストのモデルは順天城。倭城の中でも最も西に位置する順天城は内陸部進撃のための拠点だったため、兵員と物資の上陸用の港を確保する一方で、大軍の駐屯を可能とする広い外郭を持っていたのが特徴である。実際の戦闘では外郭ラインからの鉄炮の応射で明軍の攻撃を撃退しており、日本軍の半島撤退の際には攻防の焦点となった。

中継拠点としての倭城

モデルは西生浦（ソセンポ）城。山城と港を登り石垣によって一体化した縄張が特徴。海側から見れば天守を備えた本丸が最奥部となるが、陸側の敵に対しては本丸が前線となる。大名の居城などでは見られない倭城特有の縄張で、軍港の確保を最優先とした補給線の中継基地に徹している。

〈倭城の分布図〉

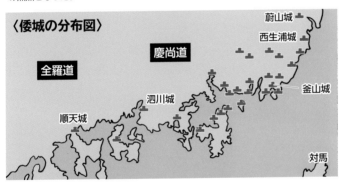

日本軍は慶長の役の勃発によって戦争が再開されると、釜山を中心に東の蔚山（ウルサン）から西の順天まで横一線の防御ラインを設定。日本からの補給線の確保と北進のための出撃拠点として、朝鮮半島南岸一帯に日本式の城を築いた。

泗川城

朝鮮半島南岸の丘陵上に築かれた城。外郭が突出した構造で出撃のための虎口も複数備えている。泗川の戦いでは、明の大軍の攻撃に対して、城を守る島津勢は外郭での鉄炮による集中射撃と城外虎口から逆襲を敢行して明軍を潰走させた。

城郭都市 京都

戦国京都を近世京都に生まれ変わらせた秀吉の再開発

平安京遷都以来、わが国の都として栄えてきた京都は応仁・文明の乱（1467〜1477）の戦災により大きく荒廃し、その後もたびたび戦乱にみまわれた。応仁の乱後は街区も縮小したようで、戦国時代の京都は上京・下京の2つの街区に分かれ、それぞれが塀や堀を巡らせて自衛していたと考えられている。

戦国時代には、富田林（とんだばやし）のように町が主体となって発展した寺内町や、環濠を巡らせた商人の町・堺のように、堀などの防御施設で囲まれた町が存在した。京都の場合は町自体の防御力はそれほど高くなかっただろうが、市中でも相国寺（しょうこくじ）や本能寺などの有力寺院は堅固な堀や土塁で囲まれていたと推定されている。

足利義昭を推戴し上洛を果たした織田信長は洛中に新たな城を築いた。義昭の御所として造営した二条城である（現在の二条城とは位置が異なる）。しかし反信長に動いた義昭は信長に追われてしまう。再び京都に城を構えたのは豊臣秀吉である。天正15年（1587）に聚楽第を完成させた秀吉が京都の防御施設として建設したのが御土居（おどい）である。町を囲む塁としては最長の施設で、総延長は20km以上に及ぶ。

秀吉は天正19年（1591）に御土居の建設に着手、大量の労働力を動員して半年で完成させた。その構造は濠を掘ってその土を内側に盛り上げる掻き上げ土塁だが、基底部には石も使われ土塁に竹を植えて崩れにくくしていたことから、御土居には、鴨川、紙屋川の水害を防ぐ役目もあったとされる。主な街道に7の門を設けたというが、江戸初期の『京都図屏風』には41の出入り口が描かれている。

京都を聚楽第の城下町と捉えれば、御土居はその聚楽第の惣構と考えることもできる。町を守る代わりに町を支配下に置く惣構の性格を考えれば、秀吉は京都の商工業者や寺院、公家、果ては天皇までも自分の管理下に置こうとしたとも推測できる。しかし信長時代にも戦禍に見舞われた京都の住民にとって、御土居建設はそれなりに歓迎すべきものだったのではなかろうか。秀吉は御土居の建設と並行して寺町造営にも着手、京都の街区の再開発を行っている。これらの政策により京都は活況を取り戻し、このときの町割が江戸時代にも継承されていった。

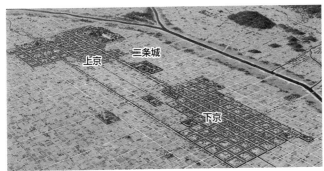

上京 三条城 下京

イラスト は 信長上洛後の 永禄 12年 (1569) 頃を 想定。応仁の乱後の京都は上京・下京という周囲を堀・土塁で囲んだふたつの町に分かれており、その間を道が通っていた。信長が足利義昭のために造営した二条城は、上京・下京の中間地点に造られたと推定されている。

聚楽第

史料の制約上、聚楽第の具体像はほとんど不明である、イラストが典拠としたのは伝長谷川等伯筆の『聚楽第図』だが、当時の姿を正確に伝えているものとは考えられず、このイラストもイメージ図の域を出ない。

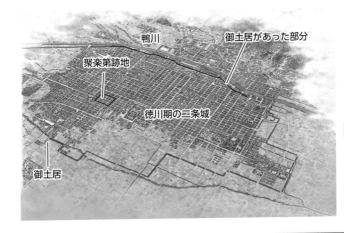

鴨川 御土居があった部分

聚楽第跡地

徳川期の二条城

御土居

江戸時代の京都

町を囲む濃い緑が京都の惣構であった御土居。江戸時代を通じて京都の街の市域に大きな変化はないが、鴨川に面する部分では町屋が川の対岸にまで拡大したため、御土居が失われている。

琉球のグスク

壮麗な石垣の曲線ライン

　古琉球と呼ばれる近世以前の沖縄の歴史には史料的な制約から不明点が多いが、村単位の社会から、他の村との勢力争いを通じて、次第に国へと統合されていったのは間違いないだろう。その過程で現れた支配者「**按司**（ア ジ）」が、12世紀頃から**グスク**と呼ばれる城を造って互いに勢力を競っていた。グスクは按司の居城で地域支配の拠点であるが、沖縄の信仰と深く結びついているのが特徴だ。現在もグスク跡には沖縄独特の信仰の場である御嶽（ウタキ）や拝所（ウガンジュ）が大変多い。聖地的な場所に城を築くことで、戦いに神の加護を得ようとしたとも考えられる。

　14世紀から15世紀にかけては、有力な按司が他を従えて沖縄本島に北山（山北）（ほくざん／さんほく）、中山（ちゅうざん）、南山（山南）（なんざん／さんなん）と呼ばれる3つの王権が並び立つ**三山時代**（さんざん）となった。三山は互いに争い、またそれぞれの王権内部でも按司同士の権力争いがあって、今に残るグスクの多くがこの時代に盛んに造られ、築城技術も発達したと推定されている。

　グスクの構造上の最大の特徴は、防御施設の主体が**石垣**造りの城壁だということである。室町・戦国期の城郭は多くが土造りの城で、石垣が一般化するのは織豊系城郭の登場以降のことだが、沖縄ではすでに石垣が使われていたのだ。さらに日本の近世城郭の石垣のほとんどが、土塁の外側や切岸を石造りにしたものなのに対し、グスクの石垣は近世城郭のそれと全く異なり、内側も外側も石を積み上げて造られた壁状のもので、塁線はカーブを描き隅角部も丸みがある。**座喜味グスク**（ざきみ）や**首里城**（しゅり）などの比較的新しい築城ではアーチ門も開かれ、**今帰仁グスク**（なきじん）や**中グスク**（なか）の石垣には銃眼のような窓も残されている。

　これらグスクの手法は中国や朝鮮半島の石垣によく似ている。三山時代にはそれぞれの王権が明との貿易を行っていたことが知られるが、そのような大陸との交流から伝わった手法を参考に発展したものだろう。沖縄は比較的加工しやすい琉球石灰岩が豊富だったことも石垣の発達を促したと考えられる。

　石垣が高度に発達したグスクだが、防御施設は門の上に矢倉が乗る以外は目立たない。ただし城内には城主の主殿などの政庁や居住のための建物は立ち並んでいたようだ。

外郭
平郎門
御嶽
正殿
主郭

▲ 今帰仁グスク

三山のひとつ北山（山北）の本拠となったグスク。イラストは16世紀末の琉球王朝の山北監守の頃のもの。城門で最も大きい平郎門はアーチではなく楣石（まぐさいし）を用いたもので、比較的古い時期の構築と考えられる。主郭の主殿奥には御嶽（うたき）があり、グスクが信仰と密接に結びついていたことを物語る。

首里城正殿

▲ 首里城正殿
◀ 首里城全景

現在の那覇市の丘陵部に位置する首里城は琉球国王の宮殿としての要素も強いが、周囲の城壁は高く造られ、複数回城門を潜らなければ中に入れないよう導線が設定されている。儀礼の場となった正殿は、赤と黒を基調に配色された美しいもので、屋根裏も含めて四階建てとなっている。

守礼門

関ヶ原合戦後の緊張がもたらした近世城郭の普及

豊臣政権から徳川政権へと移行した慶長期は、
関ヶ原合戦後の軍事的緊張もあって、
多くの大名が近世城郭の築城・改修を行った。

　慶長年間（1596〜1615）は日本の築城がピークを迎えた時期である。実は現在全国で「お城」として親しまれている江戸時代の城の多くが、このわずか20年ほどに築城されているのである。

　それ以前にも大名の居城を戦国城郭から大規模な近世城郭に整備しようという動きは加速していたが、慶長5年（1600）の**関ヶ原合戦**とその後の軍事的緊張が全国規模での築城ラッシュをもたらし、慶長年間に全国各地の中心城郭は一気に近世城郭へと移行することになったのである。

　秀吉死後、全国を二分した関ヶ原合戦のあと、その論功行賞によって多くの大名が領地の加増、転封、改易になった。これを受けて大名たちが一斉に新しい領地で居城を築いたり、旧城を大幅に改築したりすることになったのだ。関ヶ原合戦の勝利と征夷大将軍任官によって徳川家康の天下はほぼ確立していたが、大坂には豊臣秀頼が健在で、再び全国的規模の合戦が行われる可能性は十分あった。そのため大名たちの間で「来るべき次の戦争」に備え、居城の築城や支城網の整備が盛んに進められたのである。また徳川幕府も次々と全国の諸大名に**天下普請**を命じて**江戸城**や**名古屋城**などの大城郭を築いていった。

　慶長期の城は見た目も華やかだが、織豊系城郭で発達した防御施設や縄張術をさらに発展させて戦闘面でも強力になっている。本丸や天守の防御を充実させて、城の大半が敵の手に落ちても籠城戦を続けられる造りを持つ城も多い。関ヶ原合戦の際にも、主戦場以外に各地で大規模な城攻めが行われており、**伏見城**のように落城したものもあるが、信濃**上田城**や出羽**長谷堂城**のように籠城に成功した城もあった。慶長期の築城者が想定した籠城戦は、全国規模の合戦の一環というものだった。たとえ籠城側が追い詰められても合戦全体の戦況によっては戦局が変わる可能性があったのである。そのような想定があったため、慶長期の城では、徹底して戦うための備えが工夫されたのである。

近世城郭の普及過程

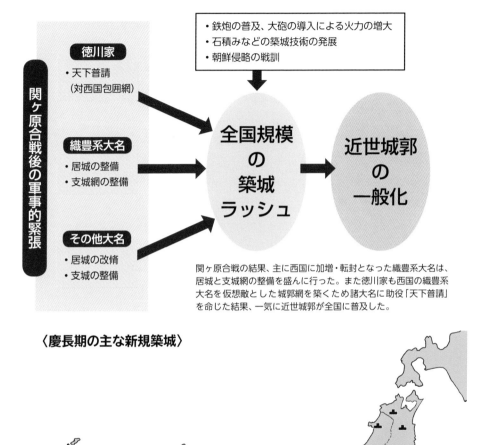

関ヶ原合戦後の軍事的緊張

徳川家
・天下普請
　（対西国包囲網）

織豊系大名
・居城の整備
・支城網の整備

その他大名
・居城の改脩
・支城の整備

・鉄炮の普及、大砲の導入による火力の増大
・石積みなどの築城技術の発展
・朝鮮侵略の戦訓

全国規模の築城ラッシュ

近世城郭の一般化

関ヶ原合戦の結果、主に西国に加増・転封となった織豊系大名は、居城と支城網の整備を盛んに行った。また徳川家も西国の織豊系大名を仮想敵とした城郭網を築くため諸大名に助役「天下普請」を命じた結果、一気に近世城郭が全国に普及した。

〈慶長期の主な新規築城〉

凡例
・天下普請の城
・その他大名の城
・織豊系大名の城※
　※親徳川家の立場も含む

図は慶長期に新規築城された主な城を示した。天下普請の城は西国を睨んだ東海・近畿の交通の要衝に築城されている。また織豊系大名ではない九州や東北の旧族大名も新規築城を行っている。

1-21　近世城郭②　近世城郭の完成

近世の築城法の礎となった江戸城

江戸城などの天下普請で、幕府の城造りを学んだ大名たちは、
その経験を活かして居城などの改修・増築をしたことによって、
近世城郭が一般化した。

　戦国期の**江戸城**は関東管領・扇ヶ谷上杉家の家宰だった**太田道灌**が武蔵野台地の突端に築いた丘城である。その後、北条氏の有力支城となった江戸城は当時江戸湾（東京湾）に流れ込んでいた利根川河口を押さえる武蔵沿岸部の要衝で、東国と西国の物資が集まる江戸湊は利根川水運の要として賑わっていた。

　天正18年（1590）、関八州に国替えとなった**徳川家康**はこの江戸城を居城に定めるが、江戸城が本格的に近世城郭に改修されるのは、関ヶ原合戦を経て家康が征夷大将軍に任官したあとのことだ。慶長9年（1604）、家康は「**天下普請**」として諸大名に江戸城築城の助役を命じ、石垣造りを分担させた。築城はその後も断続的に行われ、最終的に完成したのは三代将軍・家光治世の寛永年間（1624-44）であり、実に30年以上かかる大工事となった。天下普請に働いた大名たちは幕府の城の造りを学び、さらに石垣造りの経験を得た。これを自分の居城などに応用したことから、近世の築城法が一気に全国に広まったと考えられる。

　こうして完成した江戸城は、近世城郭のひとつの完成形といえるだろう。縄張は名築城家・**藤堂高虎**だ。同じく高虎が縄張した幕府の大坂城（大坂の陣後の再建）も江戸城も本丸は台地上に位置し、戦国時代には丘城の構成を持っていたと思われる。しかし高虎による縄張は平城的で、もはや安土城や秀吉の大坂城のような階段状の曲輪は存在しない。各曲輪も広くシンプルに設定されており、多くの建物の設置が可能で、大軍の収容に向いている。

　曲輪の周囲は台地の高低差を利用した高い塁と水堀に囲まれている。江戸城には土塁もあるが、その土塁も上に石垣が乗る**鉢巻石垣**となっている。石垣上には漆喰惣塗込めの櫓や塀が構えられており隙がない。虎口はほぼ例外なく**枡形虎口**となっている。水堀や石垣の城壁を用いて敵を寄せ付けない強力な防衛ラインを設け、寄せ手の攻撃を虎口に集中させて、虎口で敵を討ち取るプランの完成形といえるだろう。

巨大な近世城郭・江戸城

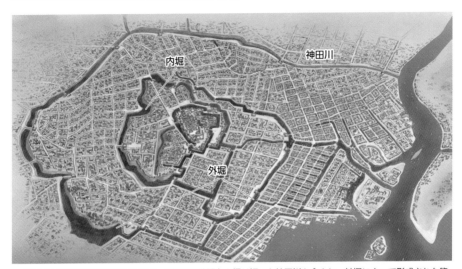

イラストは寛永期の江戸城の全体図。外堀には駿河台を掘り切った神田川も含まれ、外堀によって形成された惣構は、日本の城郭史上最大のものとなった。その内部には日本橋などを中心に低地部に広がる町屋地区（下町）と、主に台地上に広がる武家地（山の手）があり、武家地には大名が江戸詰の際に使用する屋敷が建ち並んだ。

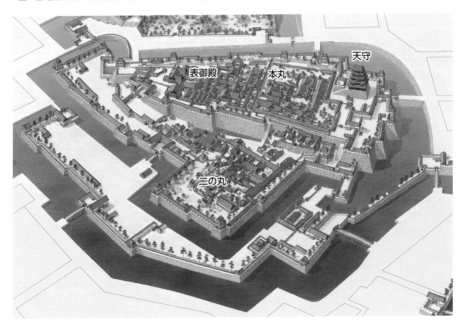

寛永期の本丸と二の丸。この時期の江戸城は、御殿も詳細な平面図が残されており、細かい屋根の組み方を除いて、ほぼ正確な復元が可能。天守や本丸の表御殿は銅瓦葺、庭園のある二の丸は数寄（すき）を凝らした造りとなっていた。

山城と平城の利点を併せ持ち近世城郭の主流となる

攻撃的な平城的要素と、
高い防御力の山城的要素とを併せ持ち、
近世城郭の主流となったのが平山城である。

　平山城とは、低い山や丘陵を中心として周りの平地部分も城域に取り込んだ縄張の城である。ある程度大規模な城に向いたスタイルだが、地形を利用して高い防御力を発揮する山城と、政治・経済の拠点になる平城の利点を併せ持つため、大名の居城に採用され近世城郭の主流となった。

　典型的な平山城は中心曲輪が山城または丘城のように構築され、その周りの平地部分は堀や塁からなる外郭で取り囲んだ平城的な構造となっている。山城・丘城的部分では一二三段（ひふみだん）と呼ばれる階段状の曲輪構成が見られるのが特徴で、そのため平山城の曲輪は天守や本丸を中心にしたピラミッド型となる。城下町の中心に聳える平山城は遠くからも見栄えがよく、同時に城主を中心とした支配体制を一目瞭然に象徴する効果もあった。

　「山城」「平山城」「平城」を区別する境界は必ずしも明確にできるものではないが、一般的に山の比高が高く山上の本丸が山麓の曲輪から独立していると見なせる平山の場合は山城に分類され、また低い山や丘陵などを利用する城の場合は、階段状の曲輪構造にならないため平城に分類されることも多い。

　平山城はその防御プランにおいても、平城的な戦い方と山城的な戦い方の両方の要素を併せ持つのが特徴で、最初に敵を迎え撃つのは平城的な外郭部だ。多方面に虎口を設けることのできる外郭では、敵の攻撃が手薄な**虎口**から積極的に城兵が出撃して敵の側面を突くという攻撃的な戦い方ができる。また外郭を敵に制圧され、中心曲輪で敵を迎撃しなければならないような場面では防御ポイントを狭く絞る戦い方を行えば、少ない残存兵力でも十分に対抗できるだろう。播磨**姫路城**、近江**彦根城**、讃岐（さぬき）**丸亀城**など典型的な平山城の縄張を見ると、平城的な外郭部分では城内の部隊がすばやく出入りできるよう、虎口や通路が大きくシンプルに造られている。これに対して城の中心部分は通路も狭く複雑な縄張になっており、外郭と中心曲輪部のプランの違いを明確に見ることができる。

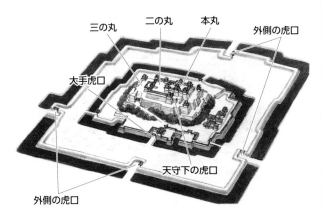

三の丸　二の丸　本丸
外側の虎口
大手虎口
天守下の虎口
外側の虎口

典型的な平山城

モデルは讃岐丸亀城。平地の小山に本丸・二の丸・三の丸が階段状に配置され、これを二重の水堀が取り巻く。外側の平城部分では、それぞれの堀に土塁の虎口を設けてある。この虎口は土橋が広く、城兵の出撃を想定した造りである。内側の山城部分では枡形形式の大手虎口、天守下の虎口のふたつに絞られ、堅く城に籠もる構えとなっている。

天守　本丸　出丸

出丸

登り石垣

二の丸　麓の御殿

三の丸

その他の平山城の例

紀伊和歌山城
播磨姫路城
近江彦根城

山城に近い平山城

伊予松山城の推定復元図。山が広いため平城部分が山を取り巻かず、それを補うように出丸が造られている。山は比高100ｍ以上で独立性の高い本丸のため山城に分類されることもあるが、本丸と二の丸を結ぶ登り石垣があることや平地の三の丸が広いことから平山城とされることが多い。

近世城郭の主流は平城ではなく平山城である

1-23 近世城郭④ 近世の平山城②

強固な高石垣に囲まれた低い平山城

> 丘や台地の先端部を利用した低い平山城では、
> 中心曲輪の周囲が隙間なく石垣で固められた
> 強固な高石垣の防御ラインを備えていた。

　近世の**平山城**には、戦国時代の丘城と同じように低い丘や台地の先端部などに中心曲輪を築いたものがある。こうした丘陵・台地利用の比高差のあまりない平山城では、比高差のある平山城のように外郭部分と中心部の防御プランが必ずしも明確に異ならず、平城に近い防御プランとなる。その縄張は、比高差のある平山城のような複雑な通路で敵を迎撃する構造ではなく、外郭から本丸に至るまで虎口の防御にポイントを絞った整然としたものとなった。

　ただしこうした低い平山城が、構造上平城と大きく異なる点は、中心曲輪の周囲を守るのが塁と堀の組み合わせではなく、落差の大きい**高石垣**であることだ。比高差のある平山城ではある程度自然の斜面が残されることが多いのに対し、比高差のあまりない丘や台地の先端部を利用した平山城では、全面隙間なく石垣となって自然の斜面が一切残らないことがある。肥後**熊本城**や陸奥**盛岡城**などがその代表例で、どちらも中心曲輪が位置する丘陵地そのものを完全に石垣で固めており、落差の大きい強力な高石垣が中心曲輪を囲む構造となっている。

　城の攻防に限らず、一般的に戦闘では敵に対して高い位置を占めると有利になる。平城ではその高さの優位を得られる部分が少ないため**重層櫓**の配置などがポイントになるが、低い平山城でもそれなりの比高差があるので高石垣のラインから直下の敵の攻撃が可能だ。平山城にはこうした高さの利点もあったのだ。

　山城に近い平山城の場合、地形上の理由で本丸のスペースを広くとれず、城主の政務や日常生活の場である**御殿**は本丸と切り離されて山麓の平地部分に築かれるのが通常だった。本丸に御殿が造られても小規模なものに留まった。一方、低い平山城の場合、丘陵地や台地の先端部に造られているため、比較的中心曲輪のスペースにゆとりがある。例えば中心曲輪を広くとった盛岡城や熊本城は、堅固な本丸と設備の充実した御殿を一体化することができた。低い平山城では幕末に至るまで、高石垣に囲まれた本丸部分が城の中心であり続けたのである。

低い平山城の例

その他の低い平山城の例

筑前福岡城
肥後熊本城
備後福山城

陸奥盛岡城

盛岡城は「不来方（こずかた）の丘」と呼ばれた台地状の丘陵を利用した平山城。低い平山城では、自然の斜面がほとんど高石垣に加工されるため、平城に近い印象となっている。本丸に置かれた御殿は政治・生活の場として機能した。

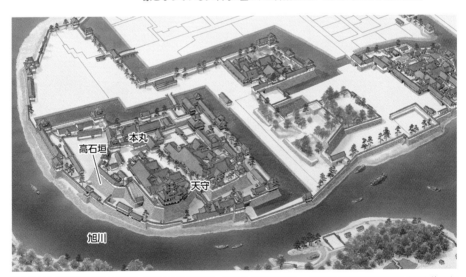

備前岡山城

天正18年（1590）、宇喜多秀家が築城し、何度かの改修を経てこのような姿になった。旭川を天然の堀とする岡山城はその大半が平地だが、天守のある本丸部分は低い丘陵を利用しており、高石垣で覆われている。

丘を利用した近世の平山城は本丸を囲む高石垣が特徴

1-24 近世城郭⑤ 近世の平城

地形に制約されない柔軟な縄張と鉄炮に対応した水堀

領国の経済活動を優先し、城下町を形成しやすい平野や、
水運を利用しやすい河口付近に造られた近世の平城。
鉄炮対策に周囲を水堀が囲む。

平城は平地を利用するもので、丘陵地や台地などある程度高低差のある地形を利用していても、平面的な縄張をもつ城は平城に分類されることも多い。

平城の利点は、広い平坦地を確保できるため、兵の収容能力が高いことに加えて、日常生活や政務の場である**御殿**が建てやすいことが挙げられる。領国の中心となる城に向いたスタイルといえるだろう。

近くに良港や街道があることも城の立地条件のひとつだが、特に近世の大名の居城では戦国時代よりも規模の大きい城下町を備えることが重視されたので、自然と平地が広がっている場所が城地に選ばれた。海運の拠点となる港を押さえたり、大きな河川を利用して運河を造ることによって領国の経済活動の活性化を図った大名も多い。そのため、戦国期までは地域の拠点になることが少なかった平野の中央部や、川の河口付近が城地として選ばれるようになり、必然的に平城の割合が高まったと思われる。

平野や河口付近の築城は地形効果による防御が期待できない分、塁や櫓など人工の防御施設を充実させなければならないが、逆に言えば地形の制約を受けずに自由に縄張できる利点がある。石垣や瓦葺の重層櫓などを特徴とした織豊系城郭の登場以降、平面的な縄張のプランでも十分な防御力を備えることが可能となり、また天守や櫓も高層化して、平城が寄せ手に対して高さの面で優位に立ちにくいという欠点も克服されている。

近世の平城では地形上、堀を**水堀**（濠）とすることが多い。戦国時代、長柄鑓が主要兵器として広く使用されたので、堀を空堀にして城兵の鑓が届く堀の中まで敵を誘い込む戦法が用いられた。だが戦国の後半に鉄炮が普及すると、より遠距離からの攻撃に主眼が置かれて鉄炮での火力戦闘に対応した縄張に発展する。近世の平城では広い水堀によって敵を遮断し、耐弾性に優れた土塀や瓦葺の櫓で敵の銃撃を防ぎながら、鉄炮で効果的に敵を攻撃することができた。

近世平城の例

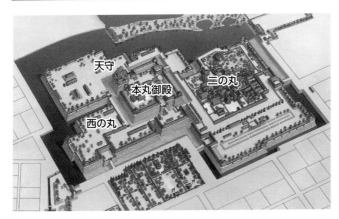

天守
本丸御殿
二の丸
西の丸

名古屋城中心部

慶長15年（1610）からの幕府主導の天下普請で築かれた城。戦国時代には信長の居城だった那古野城が築かれていた。南から延びる台地の先端部を利用し、北側は「御深井」とよばれた湿地を広い水堀として利用している。曲輪取りが大きいシンプルな縄張だが、高い石垣と広い堀によって高い防御力を生み出した典型的な近世の平城である。

その他の平城の例

丹波篠山城
駿河駿府城
信濃松本城

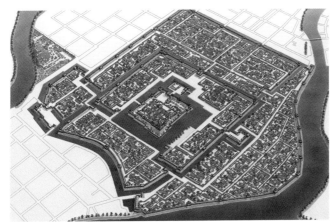

安芸広島城

複数の川が流れるデルタ地帯に築城された完全な平城で、川を天然の堀として利用しているが、全方面の攻撃に対応可能な平城らしい縄張である。毛利氏が本拠として築城を進めていたものだが、関ヶ原合戦後、広島城を居城とした福島正則が、現在の縄張を完成させたと思われる。

平城の防御ライン

イラストは大坂城本丸東面の模式図。近世の平城は水堀と高石垣による強固な防御ラインで敵の進攻を遮断し、高石垣のラインに配置された多門櫓と重層櫓からの濃密な鉄炮の射撃が可能だった。

近世の平城は水堀と高石垣・重層櫓の防御ラインが特徴

水軍と水運の拠点

> 水運支配という経済的な面と、水軍の根拠地という軍事的な面の
> ふたつの側面をもつ近世の水城。
> 西国大名を中心に海に面した城が築城された。

　城の中でも海や湖、河口などに面した場所に築城し、水とのかかわりが深い城を「**水城**」という。特に海に面した城を「**海城**」と呼ぶこともある。海や湖水の岸近くに城の中心部を設定し、海や湖沼・河川を背後の守りとして陸側に曲輪を広げるのが典型的な水城のプランである。陸側にも水堀を巡らせて外郭ラインとし、全方向を水で守るところに水城の特徴がある。

　水城の場合、堀に海水や湖水を引き込むのが通例で、このため堀は豊富な水量を安定して保てる。虎口に木橋を用いて、戦闘時に橋を落とせば城が完全に島となるものも多い。防御性を高めて堅く守るには大変有効な築城法だろう。豊後**臼杵城**や近江**膳所城**などは、城の中心部が半島状に張り出しており、非常に攻めにくい構造となっている。

　ただし、それは水城を陸側から攻める時の発想だ。海に面した城なら、敵が海から攻撃してくる可能性もあり、また台風などによる水害を受ける危険も大きい。そのため、海側の石垣や建物は特に堅固に造る必要があった。

　水城、特に海城の多くは、周辺の水運を支配し水軍の基地とすることを目的に築城された。近世の交通は現在よりも水運の占めるウェイトが高く、特に物資の運搬は舟運が中心だった。水運の支配は経済的利潤を得る面で有利なため、多くの海城は港を守る（支配できる）位置に造られている。また商業港とは別に城内に軍港を備えることも多い。水軍を持つ大名は海城を利用したし、海城ではなくても港に面した城を築くことが多かった。

　海に面した櫓や天守は、陸側から見れば城の最奥部にある建物だが、海から見れば最も表側にあるため、海上に対する監視塔となる。この二面性が海城の特徴だろう。讃岐**高松城**は堀を港に利用し、**着見櫓**によって海の幹線である瀬戸内海を監視した。豊前**小倉城**では、城と城下町が港を取り囲むように構成され、大規模な近世の海城ならではの姿を見ることができる。

近世水城・海城の例

天守

着見櫓

讃岐高松城

高松城は天正16年（1588）、生駒親正によって築城された織豊系城郭だったが、その後、水戸徳川家の分家・松平氏によって改修を受け、海上を監視する着見櫓が増設されて、西国大名に対する幕府側の拠点としての役割が鮮明になった。

その他の海城の例

伊予今治城
豊前中津城
豊後日出城

惣構のライン

港

本丸

豊前小倉城

細川忠興が　慶長7年（1602）から築城を開始した九州屈指の大城郭。河口の潟湖を利用した港を、城と城下町がすっぽりと包む。水堀による惣構も造られ、まさに水の城、水の街となっていた。

近世の海城は櫓や天守が海上の監視塔にもなった

戦国的な防御プランと近世城郭の技術を組み合わせた独特の存在

平地でも強い防御力を持つ築城が可能になった近世において
山城は少数派だったが、
「近世化」により強力な要塞となったものも存在する。

　戦国時代には自然地形によって防御力を得られる**山城**が多用された。近世、石垣などを使った大規模な普請によって平地でも強い防御力を持つ築城が可能になると、広い平坦地が確保しづらく、日常生活に不便な山城は用いられなくなった。しかし近世城郭でも少数派ながら山城は存在し続けた。近世の山城は戦国的な防御プランと近世城郭の手法を組み合わせた独特の存在となっている。

　筑前の**鷹取城**や**小石原城**は、近世城郭の構造物を用いることで、山頂部を強力な要塞に仕立て上げた好例だ。近世に普及し始めた大砲も山の上までは届かないだろう。足場すら充分でない寄せ手にとって、戦国時代の山城以上に攻めにくい城だったはずだ。飲み水や兵糧さえ十分にあれば、かなりの大軍を相手にしても戦いぬくことができたに違いない。

　山頂部の要塞と、平地部の館を組み合わせたのが備中**松山城**だ。岐阜城などのような詰城タイプの城のプランを、近世城郭で用いたものといえる。これに対して、飛驒**高山城**は麓から山頂の本丸までの曲輪がもっと連続的で、ちょうど戦国時代の大規模な山城で使われていたプランに近世城郭の構造物を組み合わせたものといえるだろう。

　近世の大大名の城でも、城の一部に山城が組み込まれた例はいくつかある。毛利氏の**萩城**、島津氏の**鹿児島城**、伊達氏の**仙台城**がそれだ。

　萩城は平地部分で城の主要な設備が完結しており、そこにプラスして戦国時代式の詰城がある形だ。鹿児島城は、むしろ戦国時代からの大規模な山城が中心で、山麓の平地に近世的な政庁部分を付け足したように見える。

　これに対して、仙台城では山上の城にも山麓の二の丸にも広大な御殿が造られていた。これら３つの城は、いずれも戦国大名から生き残った外様の雄藩によるもので、織豊取立大名や徳川氏の配下から成長した大名とはひと味違う、独特の城造りを見ることができる。

近世山城の例

畝状竪堀

既存の山城を
近世城郭化した例

関ヶ原合戦後に筑前国主となった黒田長政が整備した筑前小石原城。豊前の細川氏との国境線を守るために築いた支城群「筑前六端城」のひとつで、周囲の畝状(うねじょう)竪堀は戦国期の施設を生かしたものと思われる。

天守

麓の御殿

詰城タイプを
近世城郭化した例

備中松山城は戦国期からの大規模な山城だったが、慶長期に幕府直轄地となって小堀氏が代官として入り、近世城郭への改修を行った。平地部の御殿を組み合わせた縄張で、いわば中世の詰城を近世化したものともいえる。山上の天守は二層二階建てで、現存する12天守の中で最も小さい。

櫓　御殿　天守

大規模山城の例

飛騨高山城は織豊取立大名・金森長近が天正16年(1588)から築城を開始したもので、関ヶ原合戦の頃にようやく完成した。近世城郭の中でも古い形式を残したもので、山上の本丸は、御殿・天守・櫓が一体化した構造となっている。

近世の山城は少数派だったが必要に応じて改修・築城された

一国一城令以降の城

軍事から政治へ、城の役割の転換期

元和元年（慶長20／1615）閏六月、徳川家康はいわゆる「**一国一城令**」を発布する。各大名の領国内には大名の居城のみ存続を認められ、あとの有力支城は廃城とする法令である。すでに**大坂冬の陣・夏の陣**（1614年11月、1615年5月）では、大名たちも関ヶ原合戦直後の状況と異なり、徳川幕府の命に従うようになっていた。一国一城令は、幕府に対する反乱はもちろん、中世の自力救済権に基づく大名同士の戦争（私戦）も行えないようにするもので、幕府による大名支配の総仕上げといえよう。

戦国時代、大名の領国には大小様々な支城が存在し、支城網を形成していたが、戦国後半には拠点城郭を充実させる傾向が強まり、そこから織豊系城郭が登場する。近世に入ると大名当主への権力集中という当時の傾向とも相まって、どの大名の領国でも大名の居城が圧倒的な存在感を持つようになっていた。

それでも慶長期にはまだ各地に戦国時代からの支城が多数残されており、さらに関ヶ原合戦後の軍事的緊張を受けて慶長期になってから整備された支城も少なくなかった。筑前国主となった黒田長政が「**六端城**（ろくはじょう）」と呼ばれる支城網を築いたのはその代表例だ。一国一城令は、具体的に支城の名をあげて、**破却**（**城割**（しろわり））を命じたもので、特に西国の織豊取立大名が慶長期に整備した城には厳しかった。

ただし一国一城の原則がどの大名にも適用されたわけではなく、実態はかなり弾力的に運用された。鹿児島の島津領では戦国時代の支城を「**外城**（とじょう）」として存続させ、仙台の伊達領では直後は22の支城が「**要害**」と呼ばれて残されていた。

しかし、多くの大名家では支城の破却が進められ、おおむね一国一城となる。地震や水害で破損した城の改修も幕府の許可が必要で、原状復帰が原則とされた。

その後も、幕府は無用な工事を嫌って、幕府直轄の江戸城や大坂城の天守も火事による焼失後は再建されなかった。大名の城でも新しく天守を設ける場合、規模を縮小した「**御三階櫓**（ごさんかいやぐら）」とする例が多く、軍事基地としての城の役割は薄れ、政治の中心としての役割がより重要になった。**御殿**をはじめ、役所などは江戸時代の間に改築・拡張された例が多い。城の戦闘機能が再び重要になるのは幕末のことである。

現在の鷹取城（右）と石垣を落とした鷹取城の城割の様子（左）。鷹取城は筑前六端城のひとつで、廃城とされたあとは木が生えるままに放置されたと思われる。石垣が使われた城を破却する際には、建物を解体するだけでなく石垣の隅を崩すが、基底部は残されている。（写真提供　直方市教育委員会）

城割（城の破却）

一国一城令以降の城

軍事的要素が薄れた城

元和8年（1622）に酒井忠勝が築城した最も新しい世代の近世城郭・出羽鶴ヶ岡城。大坂の陣後の元和年間の築城とあって、防御施設は比較的簡素だが御殿を中心とする建物群は充実している。戦闘力よりも政治機能のほうを重視した構造といえる。

一国一城令以降築城の例

播磨赤穂城
肥前平戸城
近江水口城

D-2 　日本100名城と続日本100名城に選出されている近世城郭

100名城とは公益財団法人日本城郭協会が、2006年と2017年に選定した日本の名城である。
弥生時代から江戸時代末期までの幅広い時代の城を選出しているが、
その多くが慶長年間前後に築城・改修された近世城郭である。

中世の城

5	根城	青森県八戸市根城
15	足利氏館	栃木県足利市
55	千早城	大阪府南河内郡千早赤阪村
101	志苔館	北海道函館市

弥生・古代の城

7	多賀城	宮城県多賀城市
69	鬼ノ城	岡山県総社市
86	大野城	福岡県大野城市
88	吉野ヶ里	佐賀県神埼郡吉野ヶ里町
107	秋田城	秋田県秋田市
182	水城	福岡県太宰府市・大野城市
184	基肄城	福岡県筑紫野市・佐賀県三養基郡
186	金田城	長崎県対馬市
189	鞠智城	熊本県山鹿市

アイヌ民族の城

1	根室半島チャシ跡群	北海道根室市

琉球のグスク

98	今帰仁城	沖縄県国頭郡今帰仁村
99	中城城	沖縄県中頭郡中城村
100	首里城	沖縄県那覇市
199	座喜味城	沖縄県中頭郡読谷村
200	勝連城	沖縄県うるま市

稜堡式築城

2	五稜郭	北海道函館市
124	品川台場	東京都港区
129	龍岡城	長野県佐久市

戦国の城郭

16	箕輪城	群馬県高崎市箕郷町	133	鮫ヶ尾城	新潟県妙高市
17	金山城	群馬県太田市金山町	135	増山城	富山県砺波市
18	鉢形城	埼玉県大里郡寄居町	136	鳥越城	石川県白山市
22	八王子城	東京都八王子市	139	佐柿国吉城	福井県三方郡美浜町
24	武田氏館（躑躅ヶ崎館）	山梨県甲府市	140	玄蕃尾城	福井県敦賀市、滋賀県余呉町
32	春日山城	新潟県上越市	143	美濃金山城	岐阜県可児市
34	七尾城	石川県七尾市	145	興国寺城	静岡県沼津市
37	一乗谷城	福井県福井市城戸ノ内町	146	諏訪原城	静岡県島田市
40	山中城	静岡県三島市	147	高天神城	静岡県掛川市
46	長篠城	愛知県新城市長篠	149	小牧山城	愛知県小牧市
49	小谷城	滋賀県長浜市湖北町	150	古宮城	愛知県新城市
52	観音寺城	滋賀県近江八幡市安土町	153	多気北畠氏城館	三重県津市美杉町
65	月山富田城	島根県安来市	155	赤木城	三重県熊野市
72	郡山城	広島県安芸高田市吉田町	156	鎌刃城	滋賀県米原市
80	湯築城	愛媛県松山市	157	八幡山城	滋賀県近江八幡市
87	名護屋城	佐賀県唐津市鎮西町	159	芥川山城	大阪府高槻市
102	上ノ国勝山館	北海道檜山郡上ノ国町	160	飯盛城	大阪府大東市・四條畷市
103	浪岡城	青森県青森市	162	有子山城（出石城）	兵庫県豊岡市出石町
104	九戸城	岩手県二戸市	163	黒井城	兵庫県丹波市
106	脇本城	秋田県男鹿市	166	宇陀松山城	奈良県宇陀市
111	向羽黒山城	福島県大沼郡会津美里町	168	若桜鬼ヶ城	鳥取県八頭郡若桜町
114	唐沢山城	栃木県佐野市	171	備中高松城	岡山県岡山市
115	名胡桃城	群馬県利根郡みなかみ町	173	新高山城	広島県三原市
117	岩櫃城	群馬県吾妻郡東吾妻町	174	大内氏館・高嶺城	山口県山口市
119	杉山城	埼玉県比企郡嵐山町杉山	175	勝瑞城	徳島県板野郡藍住町
120	菅谷館	埼玉県比企郡嵐山町菅谷	176	一宮城	徳島県徳島市
121	本佐倉城	千葉県印旛郡・本佐倉市	177	引田城	香川県東かがわ市
123	滝山城	東京都八王子市	178	能島城	愛媛県今治市
125	小机城	神奈川県横浜市	179	河後森城	愛媛県北宇和郡松野町
126	石垣山城	神奈川県小田原市	180	岡豊城	高知県南国市
127	新府城	山梨県韮崎市	192	角牟礼城	大分県玖珠郡玖珠町
128	要害山城	山梨県甲府市	197	志布志城	鹿児島県志布志市

近世城郭

3	松前城	北海道松前郡松前町	83	宇和島城	愛媛県宇和島市
4	弘前城	青森県弘前市	84	高知城	高知県高知市
6	盛岡城	岩手県盛岡市	85	福岡城	福岡県福岡市
8	仙台城	宮城県仙台市	89	佐賀城	佐賀県佐賀市
9	久保田城	秋田県秋田市	90	平戸城	長崎県平戸市
10	山形城	山形県山形市	91	島原城	長崎県島原市
11	二本松城	福島県二本松市	92	熊本城	熊本県熊本市
12	会津若松城	福島県会津若松市	93	人吉城	熊本県人吉市
13	白河小峰城	福島県白河市	94	大分府内城	大分県大分市
14	水戸城	茨城県水戸市	95	岡城	大分県竹田市
19	川越城	埼玉県川越市	96	飫肥城	宮崎県日南市飫肥
20	佐倉城	千葉県佐倉市	97	鹿児島城	鹿児島県鹿児島市
21	江戸城	東京都千代田区	105	白石城	宮城県白石市
23	小田原城	神奈川県小田原市	108	鶴ヶ岡城	山形県鶴岡市
25	甲府城	山梨県甲府市	109	米沢城	山形県米沢市
26	松代城	長野県長野市松代町	110	三春城	福島県田村郡三春町
27	上田城	長野県上田市	112	笠間城	茨城県笠間市
28	小諸城	長野県小諸市	113	土浦城	茨城県土浦市
29	松本城	長野県松本市	116	沼田城	群馬県沼田市
30	高遠城	長野県伊那市高遠町	118	忍城	埼玉県行田市
31	新発田城	新潟県新発田市	122	大多喜城	千葉県夷隅郡大多喜町
33	高岡城	富山県高岡市	130	高島城	長野県諏訪市
35	金沢城	石川県金沢市	131	村上城	新潟県村上市
36	丸岡城	福井県坂井市丸岡町	132	高田城	新潟県上越市
38	岩村城	岐阜県恵那市岩村町	134	富山城	富山県富山市
39	岐阜城	岐阜県岐阜市	137	福井城	福井県福井市
41	駿府城	静岡県静岡市	138	越前大野城	福井県大野市
42	掛川城	静岡県掛川市	141	郡上八幡城	岐阜県郡上市
43	犬山城	愛知県犬山市	142	苗木城	岐阜県中津川市
44	名古屋城	愛知県名古屋市	144	大垣城	岐阜県大垣市
45	岡崎城	愛知県岡崎市	148	浜松城	静岡県浜松市
47	伊賀上野城	三重県伊賀市上野	151	吉田城	愛知県豊橋市
48	松阪城	三重県松阪市	152	津城	三重県津市
50	彦根城	滋賀県彦根市	154	田丸城	三重県度会郡玉城町
51	安土城	滋賀県近江八幡市安土町	158	福知山城	京都府福知山市
53	二条城	京都府京都市	161	岸和田城	大阪府岸和田市
54	大阪城	大阪府大阪市	162	出石城（有子山城）	兵庫県豊岡市
56	竹田城	兵庫県朝来市	164	洲本城	兵庫県洲本市
57	篠山城	兵庫県篠山市	165	大和郡山城	奈良県大和郡山市
58	明石城	兵庫県明石市	167	新宮城	和歌山県新宮市
59	姫路城	兵庫県姫路市	169	米子城	鳥取県米子市
60	赤穂城	兵庫県赤穂市	170	浜田城	島根県浜田市
61	高取城	奈良県高市郡高取町	172	三原城	広島県三原市
62	和歌山城	和歌山県和歌山市	181	小倉城	福岡県北九州市
63	鳥取城	鳥取県鳥取市	183	久留米城	福岡県久留米市
64	松江城	島根県松江市	185	唐津城	佐賀県唐津市
66	津和野城	島根県鹿足郡津和野町	187	福江城	長崎県五島市
67	津山城	岡山県津山市	188	原城	長崎県南島原市
68	備中松山城	岡山県高梁市	190	八代城	熊本県八代市
70	岡山城	岡山県岡山市	191	中津城	大分県中津市
71	福山城	広島県福山市	193	臼杵城	大分県臼杵市
73	広島城	広島県広島市	194	佐伯城	大分県佐伯市
74	岩国城	山口県岩国市	195	延岡城	宮崎県延岡市
75	萩城	山口県萩市	196	佐土原城	宮崎県宮崎市
76	徳島城	徳島県徳島市	198	知覧城	鹿児島県南九州市
77	高松城	香川県高松市			
78	丸亀城	香川県丸亀市			
79	今治城	愛媛県今治市			
81	松山城	愛媛県松山市			
82	大洲城	愛媛県大洲市			

北海道
関東
中国・四国

北陸・東海
近畿
九州・沖縄

※城の名称は日本城郭協会の表記にならった。

城と砲台

西洋式の近代要塞の手法の導入

　江戸中期以降、大名の国替えなどで必要になった場合を除いて、新規に城が築かれることはなくなった。しかし江戸後期の19世紀には日本の近海に外国船が出没するようになり、海防の必要から**台場**（砲台）が建設されるようになると、再び各地で新城の建設が始まった。当初、台場の多くは野戦陣地を多少立派にした程度の構造で、土塁を四角く巡らせて大砲を並べたものだったが、幕末には本格的な築城も行われるようになる。

　嘉永2年（1849）に築城が開始された松前藩（北海道）の**松前城**は、日本最後の近世城郭と呼べるもので、天守を持つ日本の城に砲台が組み合わされた特異な構造となっている。そして嘉永6年（1853）、ペリーが浦賀に来航してから築城が開始された**品川台場**には、西洋から学んだ近代要塞の手法が使われた。

　砲台を含む幕末の城には実際に戦闘で使われたものも多い。**下関砲台**のように、イギリス船と交戦したものもあれば、北海道函館市に残る**五稜郭**のように戊辰戦争で戦場になったものもある。

松前城

松前城は榎本武揚（たけあき）配下の艦船と、土方歳三率いる旧幕府軍に攻められ1日で落城した。城は台地先端部に造られており、戦国の丘城なら台地続きを大手にして厚く防御するところだが、松前城は海防を重視して海側を大手にしており、台地側から来る敵を想定していなかった。ここを旧幕府軍に突かれたことが落城につながった。

第二章

城の縄張

日本の城の特徴は複雑に進化した縄張にある。
独自の発展を遂げた縄張、普請、作事を解説する。

CHAPTER 2

「目的」に応じて異なる「選地」と複雑に進化した「縄張」

どういう用途で使うか、どこに築くか、どう曲輪を配置するか。
築城は、目的→選地→縄張の手順で進む。

　築城者は城を築く時、まず築城する場所の選定、**選地**に腐心した。築城に適した場所は築城の目的によって異なる。例えば前線基地にあたる「**境目の城**」を築くのであれば、街道などに面した戦略的要地が選ばれる。一方、大名の本城「**大根城**」であれば領国経営に適した交通の要衝や集落などに隣接する、人口の多い地域が選ばれる。そういった目的を満たす地域の中から、地形から得られる防御効果の高い「要害の地」を選んで城が築かれた。

　大名が本城とする場所は、戦国時代と近世で傾向が異なる。戦国時代には山と平地が接する地域に造られることが多かった。これは、治水技術が未発達な時代は、山や段丘沿いに農地や集落が形成されることが多かったからである。近世初頭になると、技術と資金の両面から大規模な治水工事が可能となり、河川下流域の平野の開発が進む。また舟運による交通が重要度を増すと、河川や海に面した平野部が大名の居城として選ばれるようになる。

　築城場所が決まれば、次に行うのは城の**縄張**である。縄張とは堀や塁をどのように配し、どこに櫓を建てるかといった城全体のプランニングだ。「縄張の名手」が「築城の名手」とされるほどに重要であった。日本の城の縄張は世界に類を見ないほど複雑な進化を遂げたが、それは日本の城が土塁や柵などからなる「土の城」で、絶対的な防御力を持たなかったためだ。そのため日本人は縄張を工夫し複雑にすることで防御力を高めた。堅固な縄張を造る基本は城地の地形を十分に生かすことにあり、地形によって曲輪（城の区画）の配置も決まってくる。高石垣や漆喰塗込めの櫓などを備え防御力に優れる近世城郭が登場すると、縄張の傾向に変化が現れる。小さな曲輪をたくさん造るよりも、大軍が収容できる広い曲輪を設けて防御の焦点を虎口（城の出入り口）に絞るようになる。そのため縄張もよりシンプルになるが、戦国時代に培ったノウハウも継承して発展したため、日本の城独自の縄張スタイルが完成していった。

築城の手順

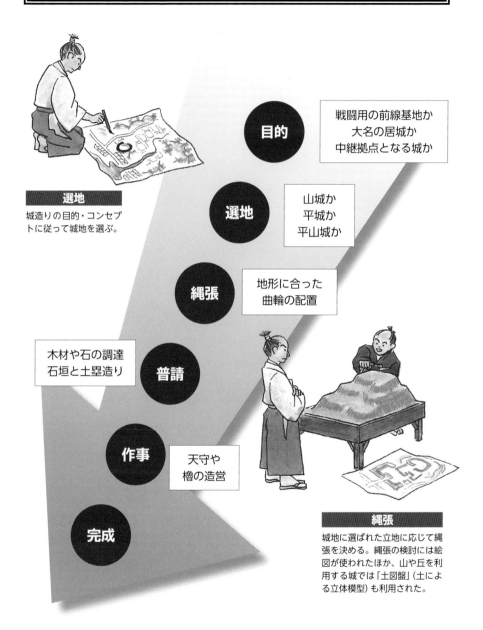

目的
戦闘用の前線基地か
大名の居城か
中継拠点となる城か

選地
山城か
平城か
平山城か

縄張
地形に合った
曲輪の配置

木材や石の調達
石垣と土塁造り
普請

作事
天守や
櫓の造営

完成

選地
城造りの目的・コンセプトに従って城地を選ぶ。

縄張
城地に選ばれた立地に応じて縄張を決める。縄張の検討には絵図が使われたほか、山や丘を利用する城では「土図盤」(土による立体模型)も利用された。

2-2 曲輪① 配置

防御プランに基づく曲輪の配置「輪郭式」「連郭式」「梯郭式」

日本の城の防御プランの基本は縦深防御である。
そのため、城の中心部分を守るように曲輪は配置された。

　縄張の基本となるのは**曲輪**の配置だ。曲輪とは、本丸などの「**丸**」と同じく堀や塁で分けられた城内の区画のことで、近世には「**郭**」とも書いた。曲輪の配置はいくつかに分類されているが、いずれも城外から本丸までの間に複数の曲輪を重ね、外の城壁が破られても次の城壁で敵を防ぎ、繰り返し敵に打撃を与えるという「縦深防御」の考え方が基本になっている。

　全方向に縦深防御を採ると、縄張は本丸を二重・三重に曲輪が取り囲む「**輪郭式**」になる。これが縄張の基本形とも思われるが、実例は意外に少ない。実際に多いのは、急斜面・川・湿地などの「天険」を城の背後の守りに利用して、敵の進攻方向を限定し、その方向にウェイトを置いて曲輪を配する縄張だ。そのほうが効率よく防御でき、工事も少なくて済むからだ。

　例えば小規模な山城では、縦に曲輪を並べる「**連郭式**」の縄張がよく見られる。天険に守られた細い尾根上なら、数か所の**堀切**を設けるだけで複数の曲輪が造れ、本丸を何重にも取り囲むのと同じ効果が得られた。少人数で効率よく大軍を相手にするのに向いた縄張といえる。

　一方、連郭式の山城に比べ、築城コストのかかる輪郭式にもメリットはある。多くの方向に虎口を設けることができるので、どの虎口を攻められても別の虎口から出撃して敵の側面や背後を突くことができるのだ。また平坦地向きの縄張なので、大軍を収容して積極的に敵と戦う大型の城に適している。また、ある程度地形を利用しつつ城の面積を確保したい場合、本丸から複数の方向へ次々と曲輪を梯子状に繋げていく形式の「**梯郭式**」の縄張がよく用いられた。戦国時代の城によく見られる形で、城を拡大していくうちにこの縄張になったものも多い。敵の攻撃を受ける範囲は連郭式より広く設定され、虎口も複数になる。

　実際の城の縄張は、地形に左右されるため明確に分類できないことも多い。複数の縄張プランが組み合わされた例もよく見られる。

曲輪の配置パターン

連郭式

縦にいくつも曲輪を繋げる形で山の尾根、長く伸びた台地、半島などが用いられる。図のモデルは彦根城中心部で、山の上に曲輪が一直線に連なって配置されている。

山崎曲輪
虎口
出曲輪
西の丸
虎口
太鼓丸
本丸
虎口
鐘の丸
虎口
表御殿
虎口

輪郭式

二の丸
本丸

並郭式

二の丸　本丸
馬出
馬出

梯郭式

本丸
二の丸

輪郭式は本丸の周囲を外側の曲輪が完全に取り囲むもので平城に多い。イラストのモデルは二条城。自然地形を利用する部分が少なくなるため築城の手間がかかるのが難点である。並郭式は、城の中心に曲輪がふたつ並び、それを外郭の曲輪が取り囲む形。一見、輪郭式と同様に見えるが、本丸と並ぶように二の丸以下の曲輪を設けて、より本丸の防御を高めている。梯郭式は、本丸から複数方向へ二の丸以下の曲輪を次々と梯子状に繋げる形で、全体としては本丸を頂点とした扇形になることが多い。背後から攻められる危険の少ない「後堅固（うしろけんご）」の地形で用いられるのが普通だ。

2-3 曲輪②　出丸

城の戦闘力を向上させる独立性の高い曲輪

**状況の変化により既成の城に補強が必要になった場合、
特定方面の戦闘力を強化する目的で造られたのが出丸である。**

　城では正面を**大手**、背後を**搦手**と呼ぶ。自然障害を利用して敵の進攻方向を限定させた城では、自ずと戦闘正面に設定した側が大手、天険に面した側が搦手となる。多方面に曲輪を展開する城でも、街道や城下町などに面して最も戦闘正面になりやすい方向を大手に設定することが多い。いずれの場合も、本丸は比較的搦手に近い所に位置し、大手側は曲輪をいくつも重ねて、城外から本丸までの距離が長くなるように縄張された。

　この大手方面に設けられ、城の戦闘力向上に大きな効果を上げたのが**出丸**だ。出丸は城の外側に張り出すように設けた独立性の高い曲輪を指す。

　特に敵の攻撃が集中する戦闘正面（大手側）に設ければ、攻撃（敵を引きつけて討ち取る）的に戦うのに効果がある。敵は出丸を無視して城を攻めると、側面や背面に出丸からの攻撃を受けるため、どうしても先に出丸を攻略する必要に迫られる。そこで、堀や櫓などの防御施設をひときわ充実させた出丸に士気の高い精兵を配備すれば、出丸に集中する敵に大きなダメージを与えることができた。また、出丸は独立した曲輪なので、もし敵に落とされても城の本体には影響がない。敵にとっては、攻撃すると犠牲が大きく、攻略できても得るものが少ないという嫌な曲輪といえる。

　出丸は当初から築城プランに組み込まれた場合もあったが、既成の城にあとから増設されたものが多い。築城当初はバランスよく完成された城でも、あとで城の役割や防御プランに変更が生じることがあるからだ。その場合、特定方面の戦闘力を重点的に補強するには出丸の増設が非常に有効だった。

　その好例が大坂城の**真田丸**だろう。南側が台地続きの地に築かれた大坂城は、もともと南が大手に設定されている。そのため、大坂冬の陣の直前に徳川勢の侵攻に備えて大手側に増設されたのが真田丸だ。徳川勢主力は想定通り南から進攻したが、真田丸に手を焼いて大きな犠牲を出した。

出丸の例（大坂城・真田丸）

大坂冬の陣に際し、真田幸村は「南側が大坂城の弱点である」ことを見抜いて真田丸を築いたとされるが、上町台地の北端部に立地する大坂城の地形では、敵が南から進行するのは当然であり、築城当初から南を戦闘正面として縄張されている。真田丸は弱点補強というよりも敵を引きつけて攻撃する機能をプラスするために造られたものだろう。

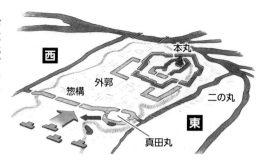

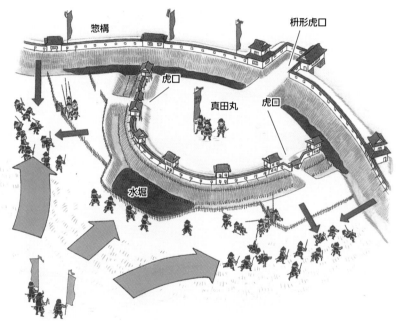

真田丸の戦闘プラン

ふたつの虎口がある真田丸の側面は、城本体と真田丸からの十字砲火が可能。真田丸からしか攻撃できない前面は、戦闘正面とならないよう広い水堀としていた。塀の内側を2段にし、7つの櫓を築いて、そこに多くの鉄砲兵を配備していた。

◀ 伊豆山中城の出丸

伊豆山中城は北条氏が豊臣秀吉の小田原攻めに備えて整備した、箱根の街道を塞ぐ城。街道を東上する敵主力に対して、側面攻撃を加える位置に岱崎（だいさき）出丸が設けられている。

2-4 　敵を遮断する①　山城の堀と塁

敵の進攻を妨げる遮断線
「切岸」「堀切」「竪堀」「横堀」

**敵の進攻ルートが限定される山城において、
敵の侵入を遮断する防御施設として造られたのが
堀や土塁である。**

　城の防御施設の中でも最も基本的で、よく使われるのが**堀**と**塁**である。堀には**水堀**と水のない**空堀**とがあり、塁は土だけで造る**土塁**と土と石で造られる**石塁**（**石垣**）に分けられる。

　堀と塁は単独で造られることもあるが、セットで造られることが多い。堀を造るときに掘り出された土を堀の内側に積み上げて塁を築けば、効率的に高い斜面が造れるためだ。

　山城の場合、当然ながらほとんどの堀は空堀となる。また戦国時代の塁は石垣ではなくおおむね土塁である。城の基本的な形は土の凹凸だけで完成させ、要所に**柵**、**塀**、**櫓**などを建てるのが典型的な戦国の山城の構成といえよう。

　山城では不規則な自然地形を削平して、建物を建てたり兵が集まったりできる平坦地を造る必要があった。地形上、狭い削平地しか造れない場所では、塁を積み上げると削平地がますます狭くなってしまうため、削平地の外側を急斜面に加工するだけの**切岸**が多用された。高低差の少ない地形では土塁のほうが高い防御効果が得られるが、山の斜面の上に造る曲輪ならば切岸でも敵を遮断する効果は土塁と変わらない。

　山城で大変多く見られるのが、尾根筋を断ち切るように設けられた堀で山城の防御プランの主体となる。これを**堀切**と呼ぶ。上から下へ山の斜面を下るように造られる**竪堀**も山城特有の堀だ。堀切がそのまま斜面に伸びて竪堀になることも多い。竪堀には斜面上の敵の動きを制限する効果がある。この竪堀を連続して並べたのが**畝状竪堀**で、戦国後期の山城特有の防御施設だ。城兵が鉄炮で寄せ手を攻撃するのに効果的だったと考えられる。

　城の周囲の斜面が緩やかな場所では、斜面を切岸に加工すると、必然的に一段下がった細い削平地である**腰曲輪**が出現する。この腰曲輪の周囲をさらに掘り下げて**横堀**が造られることもあった。

山城の堀と塁

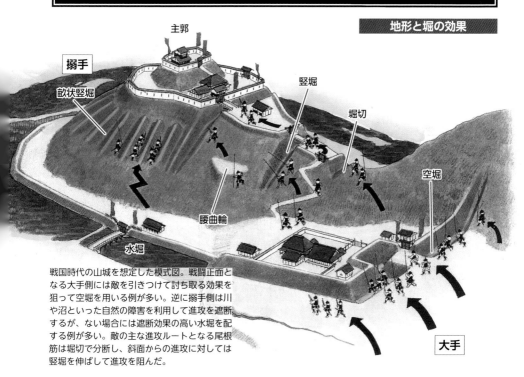

主郭
搦手
畝状竪堀
竪堀
堀切
空堀
腰曲輪
水堀
大手

戦国時代の山城を想定した模式図。戦闘正面となる大手側には敵を引きつけて討ち取る効果を狙って空堀を用いる例が多い。逆に搦手側は川や沼といった自然の障害を利用して進攻を遮断するが、ない場合には遮断効果の高い水堀を配する例が多い。敵の主な進攻ルートとなる尾根筋は堀切で分断し、斜面からの進攻に対しては竪堀を伸ばして進攻を阻んだ。

畝状竪堀

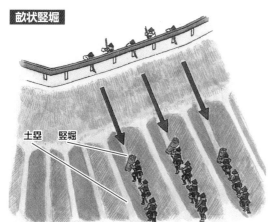

土塁　竪堀

斜面に竪堀と土塁を交互に配したもので、曲輪の周りを放射線状に取り囲む。敵が斜面上の曲輪に取りつく際に、横の動きを封じる効果がある。敵は一列縦隊になって曲輪に接近するしかなくなるため、城から敵を狙いやすくなる。

空堀道

曲輪と曲輪の間にある空堀の底を通路として利用したもの。防御側が寄せ手を狭い空堀に入るように誘導して攻撃するための施設。両側の曲輪から攻撃可能なため、石造りの近世城郭でも採用されている。

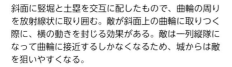

高さを確保する「塁」と
遮断・反撃する「堀」

高低差のない平城では塁を高くし、堀を設けて防御力を高めた。
近世になると高石垣や巨大な堀が築かれるようになる。

平城は城内と城外に高低差がないので塁を大きくして高さを確保する必要があり、また櫓を設けるには塁の幅も大きく取る必要があった。石垣を用いれば、土塁より急斜面がつくれ、また天端（石垣の最上部）の端いっぱいにまで櫓が建てられるため、塁を広く造れるという利点がある。

城の堀が**水堀**になるか**空堀**になるかは地形条件によるところが多いが、平城の場合、多少は空堀と水堀を使い分けることができた。

戦国時代の主流であった土造りの空堀は、堀底に降りるのが比較的容易なため、敵を堀底に誘い込んで積極的に討ち取る戦い方ができた。そのため空堀は戦闘正面となる大手側に用いられることが多かった。これに対して水堀は敵を討ち取るよりも遮断する効果を狙ったものといえる。また水に弱い鉄砲を使いにくくする効果もあったであろう。

戦国時代、最もよく用いられていた武器のひとつは**長柄鑓**（なが えやり）だが、これは鑓が届く6m程度の範囲まで敵を引きつけなければ敵を討ち取ることができない。戦国期の空堀では、ちょうど城側の斜面がそのくらいの深さになったものがよく見られる。戦国時代、主に北条氏がよく用いた**堀障子**（ほりしょうじ）（**堀底障壁**（ほりぞこしょうじ）は堀底を格子状に加工したもので、堀底での敵の動きを封じてさらに討ち取りやすくする効果があったと考えられている。

戦国後半、主力兵器が長柄鑓から鉄砲に移ると、より遠距離での戦闘に重点が置かれるようになり、堀の幅が広くなって水堀の使用も多くなった。そして鉄砲以上に遠距離から攻撃ができる大砲が使われるようになると、堀の大型化にさらに拍車がかかる。近世城郭の**名古屋城**や**大坂城**などでは、敵の砲撃を意識した防御力の高い石垣造りの巨大な堀が築かれている。これらの城では堀の防御力は「鉄壁」に近く、堀よりも**虎口**に敵の攻撃を集中させて討ち取る効率的な防御態勢が完成している。

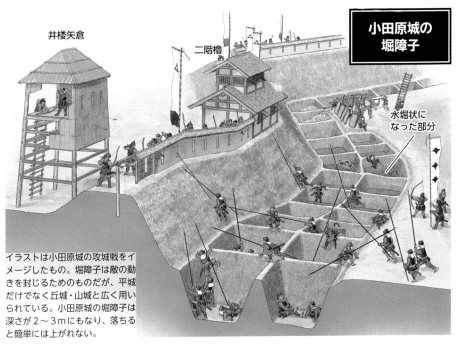

小田原城の堀障子

井楼矢倉

二階櫓

水堀状に
なった部分

イラストは小田原城の攻城戦をイメージしたもの。堀障子は敵の動きを封じるためのものだが、平城だけでなく丘城・山城と広く用いられている。小田原城の堀障子は深さが2～3mにもなり、落ちると簡単には上がれない。

**戦国時代の空堀と
近世城郭の水堀**

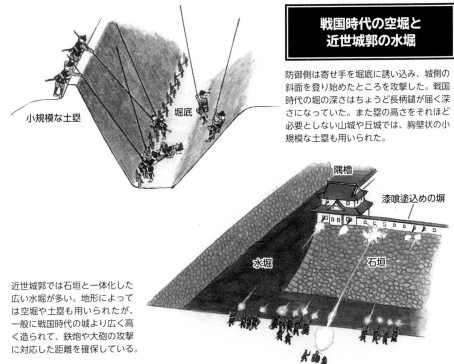

小規模な土塁

堀底

防御側は寄せ手を堀底に誘い込み、城側の斜面を登り始めたところを攻撃した。戦国時代の堀の深さはちょうど長柄鑓が届く深さになっていた。また塁の高さをそれほど必要としない山城や丘城では、胸壁状の小規模な土塁も用いられた。

隅櫓

漆喰塗込めの塀

水堀

石垣

近世城郭では石垣と一体化した広い水堀が多い。地形によっては空堀や土塁も用いられたが、一般に戦国時代の城より広く高く造られて、鉄炮や大砲の攻撃に対応した距離を確保している。

土と石のメリット、デメリット

土塁の城が古く、石垣の城が新しいとは一概に言えない。
両者にはメリット、デメリットがあり、城の目的に合わせて選ばれる。

　城造りの作業は**普請**（土木工事）と**作事**（建築工事）に分けられるが、その普請作業のほとんどが**塁**、つまり敵を阻む急斜面の造成に充てられる。

　塁には土で築く**土塁**と石を用いた**石塁**（石垣）がある。戦国の城は大半が土塁で、近世城郭になると石垣も多く使われる。いかにも堅固そうな石垣に比べて土塁は防御力が低そうに見えるが、実際はどうだろうか。

　現在の城跡の土塁は崩れて傾斜がなだらかになったものも多いが、本来土塁はかなり急斜面に造ることができる。特に**版築**の技法を使えば壁のような急斜面を造ることも可能だ。また土塁には石垣よりも簡単に造れるメリットがある。戦国時代は戦略の変化に応じて次々に城が築かれたが、城ひとつにかけられる予算も日数も限られているため、戦国の城には土塁の方が適していたのだ。

　戦国時代の塁は直下の敵に鑓が届く高さで造られていたが、戦国末期に主要武器が鑓から鉄炮へ移行すると、より高い塁が求められるようになった。**織豊系城郭**では高い塁が造れる石垣が導入されるようになり、特に近世城郭では石垣に反りをつける技術が工夫され、高く堅固な石垣が積めるようになった。

　また戦国末期は大軍を動員する戦いが多くなって城が大型化するが、駐留する兵も多くなるために戦国の城に比べて曲輪取りが大きくなる。近世に主流となる平山城などでは、高く積めるうえに、天端の端いっぱいまで櫓などが建てられて曲輪が広く取れる石垣の方が都合がよかったのである。

　ただし石垣は構築に手間がかかるのが最大の欠点であり、地域によっては石材を得られにくい所もあった。戦国末期以降の大名権力は手間と時間、そして費用をかけて築城を行えるようになっていたが、ひとつの城ですべての塁を石垣にした例は少なく、またその必要もなかった。多くの城では場所に応じて土塁が併用された。例えば塁の高さや堅固さよりも長さを優先したい城の外郭ラインが石垣造りになることは少なく、依然として土塁が使われ続けたのである。

石垣の城と土塁の城

石垣の城　天守　**土塁の城**

曲輪　腰曲輪

腰巻石垣の外郭ライン

渡櫓門

二階門

水堀

土塁の外郭ライン

戦国時代の土塁造りと、近世の石垣造りの違いを比較するため、平山城を例にして模式的に示した。右の土塁造りでは曲輪が狭くなりがちだが、鑓での戦いには効果的だった。左の石垣造りでは、建物も塁の端いっぱいに建てられるため、同じ山を利用しても曲輪が広くなり、多くの兵を収容するスペースが生まれる。石垣は土壁を用いた櫓との相性もよく、渡櫓門は石垣を使わなければ建てることが難しい。

土塁と石垣の併用

腰巻石垣　　**鉢巻石垣**

土塁の下部に石垣を築くものを腰巻石垣と呼び、土塁の上部に石垣を築くものを鉢巻石垣と呼ぶ。近世の城でも多く見られ、江戸城ではその両方が見られる。いずれも造成のしやすい土塁と防御力に優れる石垣のメリットをうまく活かしたものといえる。

死角をなくすための「折れ」

縄張では曲輪を囲む塁線や塀に「折れ」とよばれる屈曲を設け、
敵に横矢を掛けられるようにした。

　縄張では城の出入り口となる**虎口**や通路の構造が重要だが、城外に対して城壁になる**塁**の形にも工夫が必要とされていた。普通に曲輪を囲むだけなら塁は直線やなだらかなカーブになるはずだが、実際にはギザギザと角が付いた形に造られたり、凹凸が設けられたりすることが多い。この塁線の屈曲を**折れ**と呼ぶ。これは**横矢掛り**という側面攻撃を意識したものだ。

　曲輪に籠もる城方が、城壁に接近する寄せ手の正面方向にのみ攻撃を加えるならば木盾や竹束などによって防がれてしまう。戦国末期には、寄せ手が城からの攻撃を防ぎながら城壁に近づく**仕寄り**という戦術も発達し、様々なノウハウが工夫されていた。そのような戦術・装備を有する寄せ手は、ある程度は城壁に接近することができた。塁上に塀を設けた場合、塀の直下は死角になりやすいため、寄せ手に塁の直下まで詰められてしまうと城側も簡単には討ち取れず、塁を越え塀を破られてしまう恐れがあった。しかし塁に屈曲を設けておけば、塀の直下に迫った寄せ手も側面からの攻撃を防ぐことが難しく、城側は城壁部分で敵を討つことができたのだ。

　江戸時代の軍学書でも横矢を用いることが重視され、**入隅**、**出隅**、**屏風折れ**等、屈曲を造る縄張術が紹介されている。また小規模な横矢掛りは、縄張の形だけでなく、櫓の建て方でも生み出すことができた。二階建て以上の高い櫓を築ければ、上の階から城壁部分に側面攻撃が掛けられた。さらに塀よりも少し外側に張り出すように櫓を建てることで、塀の真横まで撃てるようにした例もあり、死角をなくす工夫は大変多い。

　また塀の造り方で横矢を掛ける工夫もある。**折塀**と呼ばれるものがそれで、直線的な塁の上に屈曲させた塀を載せたものである。まさに横矢を掛けるための塀といえる。残念ながら現存する例はないが、丹波**篠山城**、信濃**松本城**、出雲**松江城**などにあったことが知られている。

折れからの横矢掛り

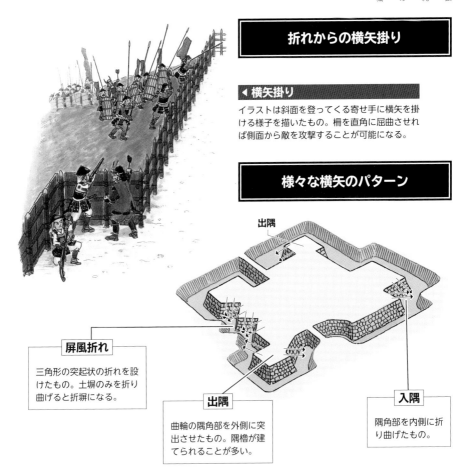

◀ 横矢掛り

イラストは斜面を登ってくる寄せ手に横矢を掛ける様子を描いたもの。柵を直角に屈曲させれば側面から敵を攻撃することが可能になる。

様々な横矢のパターン

出隅

屏風折れ

三角形の突起状の折れを設けたもの。土塀のみを折り曲げると折塀になる。

出隅

曲輪の隅角部を外側に突出させたもの。隅櫓が建てられることが多い。

入隅

隅角部を内側に折り曲げたもの。

松本城の折塀

絵図からの推定復元だが、2種類のパターンがあったことがわかる。松江城や丹波篠山城の折塀では右のように、城内側に折り曲げて三角形の屈曲をつくるパターンが使われていた。

矢の射撃地点から防御の要へ

中世の矢倉は矢の射撃地点に過ぎなかったが、
礎石建物の櫓へと変化すると、
曲輪の隅角部や虎口などの防御の要に築かれるようになる。

　櫓は城の建物の中で特に戦闘用に建てられたものを言う。古くは「**矢倉**」と書き、矢を納めた場所や射撃地点（矢座）であることから名づけられた。

　元来、矢倉は敵より高い位置を得るために建てるもので、古代や中世の矢倉は兵士が乗る本体を木組みで高く持ち上げるように造る。当時はまだ土塁なども規模が小さく、平城などでは敵よりも十分に高い位置を占めるためには矢倉が必要だったのである。戦国時代後期に大規模な土塁や石垣が使われるようになると、櫓自体の高さに頼らなくても十分に高い位置を確保できるようになった。そのため櫓の構造も大きく変わった。櫓は鉄炮の普及によって、火薬や火縄を雨から守る瓦葺の屋根を載せ、敵の矢玉を防ぐ厚い土壁で囲まれた礎石建物へと変化する。また倉庫としての機能も併せ持ち、時には居住も可能な多目的建物に変化した。弓の時代の矢倉が開放的な施設だったのとは対照的だ。

　中世の矢倉は塀の内側に建てられることも多かったが、近世城郭の櫓は厚い壁を持つため、石垣の端いっぱいに寄せて建てることで塀の機能も兼ねた。近世城郭では櫓を曲輪の隅角部や虎口近くなどの要所に配置し、櫓の間を土塀でつなぐのが一般的なパターンとなり、特に平城では石垣のシンプルな塁線上に配置された。地形や複雑な縄張に拠らずとも塁線上の櫓と塀からの鉄炮の射撃で十分な防御力を発揮できたためである。重要な曲輪では、土塀の代わりに櫓を長く繋げた**多門櫓**にするとさらに防御効果が増した。

　鉄炮の火力を特に増やしたいところでは、兵を重層的に配備できる二階・三階建ての**重層櫓**が配置された。城内で最も高い建物である**天守**も重層櫓の一種であり、戦闘時には城主の指揮所や城の最終防衛拠点となる。そのため最初に戦闘正面となる大手虎口は縦深防御の観点から天守から最も遠い位置にあることが多い。その場合、大手方面の曲輪の隅などに監視塔の役目を果たす高い櫓を配置すれば、天守からの眺望が届かない部分を補えて効果的だった。

矢倉の高さの効果

古い時代の城は土塁なども低いため、矢倉の高さが重要だった。高い場所から見下ろせば、敵の動きを広く的確にとらえられる。また上から下に攻撃すると、重力が味方して矢の威力が増し、下から上への攻撃は威力がそがれた。

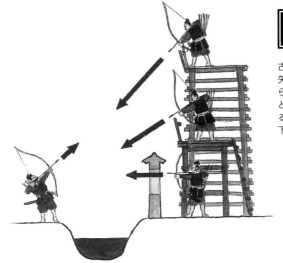

近世城郭の櫓の配置

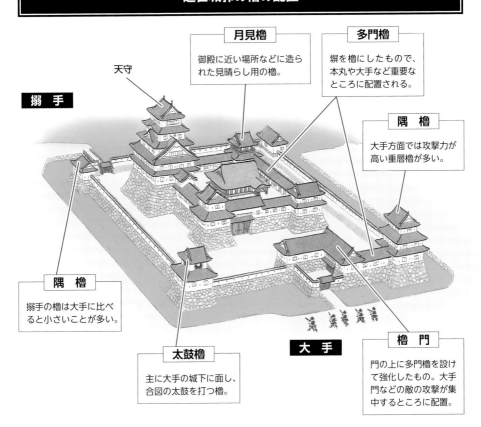

月見櫓
御殿に近い場所などに造られた見晴らし用の櫓。

多門櫓
塀を櫓にしたもので、本丸や大手など重要なところに配置される。

天守

搦手

隅 櫓
大手方面では攻撃力が高い重層櫓が多い。

隅 櫓
搦手の櫓は大手に比べると小さいことが多い。

太鼓櫓
主に大手の城下に面し、合図の太鼓を打つ櫓。

大 手

櫓 門
門の上に多門櫓を設けて強化したもの。大手門などの敵の攻撃が集中するところに配置。

攻防の焦点となる「城の出入り口」

門をはじめとした各種防御施設を含めた城の出入り口を指す「虎口」は、
攻防の焦点となることが多かったため、様々なスタイルが考え出された。

　虎口とは縄張上での城の出入り口のことで「門」に近い感覚だが、ひとつの虎口に複数の門を設けることもあり、門前の橋、土塁・石塁や櫓など門周辺の防御施設も含めて虎口と考えられる。城内へ通じる入り口で、敵の進攻を遮断すべき塁線に開いた虎口は、当然ながら寄せ手が城を攻めるときには一番の攻撃の対象となる部分で、攻防の焦点となることが多い。

　したがって、城の弱点ともなり防御力の確保のためには虎口が少ない方がよいと思いがちだが、逆に見れば虎口は引きつけた敵に集中攻撃を加えて大ダメージを与えることができるポイントでもある。日本の城は多くの曲輪を配置するために構造上虎口の数も多くなるが、その構造には工夫が凝らされて、戦国末期から江戸時代初期にかけて、攻撃的な虎口が発達した。

　虎口で敵を討ち取るポイントは通路に**折れ**をつくって門を攻めようとする敵に横矢を掛けることだ。初期の虎口は敵に対して正面向きのもので**平入り虎口**とも呼ばれる。これでは正面に近い方向からしか敵を攻撃できないので、そのため工夫されたのが**喰違い虎口**である。これは虎口の両側の塁線をずらしたり交互に配したりしたもので、門に押し寄せる敵に横矢を掛けることができ、縄張を工夫すれば門前の敵に三方から矢玉を集中させることもできた。また敵の直進を妨げ、門の開閉時に城の内部を見通せなくする効果もある。

　もちろん城によっては攻撃よりも防御を重視することもある。搦手口など敵を引きつけたくない虎口では、堅く虎口を塞ぐ方法も工夫された。木橋のついた虎口では橋を落としてしまうことで虎口を閉ざすことができるが、戦国末期には**引橋**なども考案されたと推定されている。また**埋門**も抜け道などでよく用いられた小さな虎口だ。門の近くに石や土などを用意しておき、戦闘時には素早く門の内側を埋め、扉が開かないようにしてしまうものだ。戦国期からあった工夫と思われるが、特に石垣の城では効果的に造ることができた。

虎口の仕組み

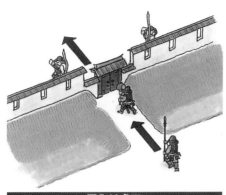

平入り虎口

最もベーシックな虎口の形式で、戦国時代以前の城や、戦闘よりも居住性を重視した館などによく見られる。敵に対する攻撃は、正面に近い方向からとなる。

喰違い虎口

門前で通路を曲げた虎口で、門前の敵を横から攻撃できる。曲がり角度は30度から60度程度が多い。城外からの見通しを防ぐ虎口としては、門前または後ろに土塁を横たわらせて、敵にこれを迂回させる「一文字虎口」もある。

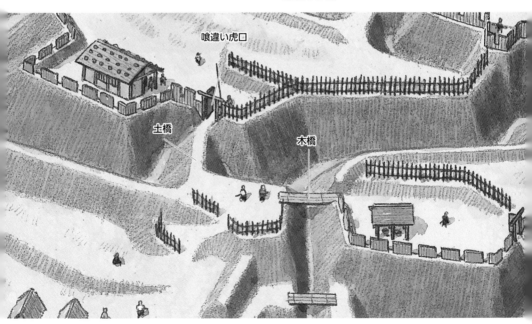

喰違い虎口

土橋

木橋

武蔵杉山城の南の虎口

戦国時代の北条氏の築城と推定される。完成度の高い縄張で、喰違い虎口だけでなく屈曲した通路や木橋など多くの攻撃ポイントが設定されている。

111

2-10 虎口② 馬出

積極的な逆襲を可能にする
虎口前面の小曲輪

**虎口前面に設けられる馬出は、城兵による積極的な逆襲を可能にする
攻撃的な施設である。**

　城の出入り口である**虎口**は、敵の攻撃を受けやすい部分であると同時に、城兵が逆襲のために出撃するところでもある。特に敵を引きつけて積極的に戦うことを目的とした城の防御プランでは、虎口を複数設けて、ひとつの虎口が敵の攻撃を受ければ別の虎口から城兵を出撃させて敵の側面（背面）に奇襲を掛けるという備えが見られる。

　虎口から堀を挟んだ対岸に土塁で囲まれた小さい曲輪が設けられることがあるが、これを**馬出**と呼ぶ。平面形が四角いものを**角馬出**、半円形を描くものを**丸馬出**と呼んでいる。馬出は虎口に押し寄せる敵を迎え撃つ防御陣地のひとつであり、虎口の前面に敵の部隊が集結するのを妨げ虎口への侵入を困難にする効果もあるが、とくに逆襲部隊の出撃を意識して工夫されているのが特徴だ。

　逆襲部隊が出撃する際には馬出が待機場所となる。部隊が集結次第、内側の虎口の門を閉め、外側の馬出の門を開いて逆襲部隊が出撃する。そして部隊が退却する際には逆の手順を踏めばよい。当時の城攻めの戦術のひとつに、出撃してきた城兵が城に退却するところを追撃し、城兵と一緒に城へ侵入してしまう方法があったと推定されるが、万一そのような場合でも、門が二重になっていれば敵の侵入を防ぐことができる。

　馬出と同様の施設は、中国やヨーロッパの城郭でも見られる。また内側の虎口の門と合わせて門が二重になるところは**枡形虎口**と同様といえるが、馬出は曲輪の左右に２つの門が設けられることが多いのが特徴だ。左右に門を設けることで、押し寄せる敵に対して城本体の塁線から横矢を掛けることができる。また片方の門を攻める敵を、もう片方の門から出撃した逆襲部隊が攻撃することも可能だ。戦国大名では武田氏がこのような目的で特徴的な丸馬出を多くの城に設けている。一方、折れなどの防御的な縄張を発達させていた北条氏は、馬出を独立した堡塁として発展させている。

馬出を持つ虎口

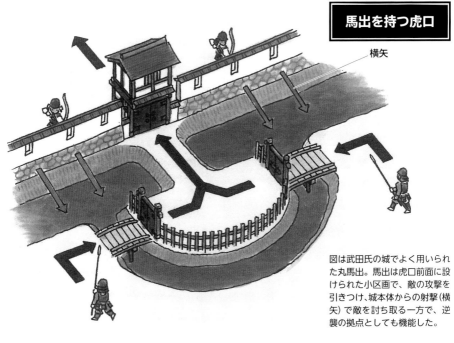

横矢

図は武田氏の城でよく用いられた丸馬出。馬出は虎口前面に設けられた小区画で、敵の攻撃を引きつけ、城本体からの射撃（横矢）で敵を討ち取る一方で、逆襲の拠点としても機能した。

丸馬出と角馬出

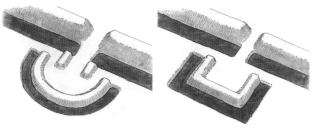

丸馬出の方が城本体からの攻撃の際、馬出の前面の敵に対して横矢の死角が少ない。一方、角馬出は防御陣地としての性格が強く、馬出それ自体から前面の敵を攻撃する効果が大きい。

出丸と馬出の違い

出丸

• 城全体から独立した曲輪

縦深防御の徹底

　敵の攻撃を引き付け、消耗させる。
　失っても城全体の防御に影響が少ない。

馬出

• 虎口に付属する小曲輪

積極的な反撃

　敵の攻撃を引きつけ、消耗させる。
　逆襲部隊の出撃拠点。

岱崎出丸

イラストは伊豆山中城の岱崎（だいさき）出丸。出丸は敵が城の中心部へ接近するのを遅らせるために、単独で敵に出血を強要する曲輪であり、逆襲を意図する馬出とは発想が異なる防御施設である。

敵を誘い込んで討ち取る「キルゾーン」

**戦国末期になると虎口は敵を封殺する
四角い空間を備えるようになる。
それが枡形虎口で、その発展形が石垣造りの枡形門である。**

　戦国時代に発達した虎口構造の中に**枡形虎口**と呼ばれるものがある。門前もしくは門のうしろに土塁や壁・石垣などで四角い枡形の空間を造る形式だ。その枡形空間が城から張り出した馬出に近い形状のものを**外枡形**、枡形が張り出さず城内に入り込むものを**内枡形**と呼ぶ。戦国時代後期には登場していたが、特に石垣造りの織豊系城郭からその技術が発達した。

　喰違い虎口では門前が敵を討ち取るポイントになるが、枡形虎口ではその門前に四角い閉鎖的な空間を設定するのが特徴である。枡形の中に侵入した敵を2方向あるいは3方向から集中攻撃できるようにしているのだ。まさに枡形は敵を誘い込んで一気に討ち取るための「キルゾーン」なのである。

　枡形虎口の四角い形状は石垣の城にマッチして、近世城郭で最もよく用いられる虎口形式として定型化した。そして枡形虎口は最終的に**枡形門**に発展する。枡形門は枡形の外側と折れ曲がった内側の2か所に門を設置したもので、その典型的な構造は江戸城など徳川幕府の築城に見ることができる。城外からの入り口に**高麗門**などの単層の門を置いて、その高麗門を抜けると石垣と櫓や塀に囲まれた枡形空間があり、左右どちらかに直角に折れて**渡櫓門**に入るものだ。枡形に侵入した敵に対して三方の櫓から銃撃をかけることができる。

　また、枡形虎口は馬出のような逆襲部隊の出撃の待機場所としても有効であった。外枡形は虎口自体に堡塁の機能を併せ持たせたものといえ、少ない兵力を集約して攻撃できる利点があった。

　加えて近世城郭では、高石垣や広い水堀によって城壁部分の防御が大幅に強化されたため、籠城戦での攻防はますます虎口に集中するようになった。塁線上から虎口付近に集中砲火を浴びせられるよう、縄張は枡形門以外にも通路や塁の折れや櫓の配置などに工夫が凝らされた。通路の折れと門を組み合わせて虎口付近にキルゾーンをつくり出す工夫は各地の城で見られる。

枡形虎口の構造

戦国の
内枡形

内枡形虎口

近世の内枡形

戦国の
外枡形

外枡形虎口

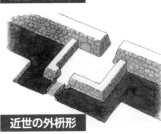

近世の外枡形

内枡形のイラストは戦国時代の山城・越後荒砥城の西曲輪。まだ過渡期ではあるが、通路を曲げ、閉鎖空間を設定して敵を討つためのキルゾーンをつくるという枡形の要素はすべて満たしている。外枡形のイラストは、初期の織豊系城郭である近江宇佐山城。城方が逆襲するためには適切な援護を得られて出撃する部隊を収容する場所が必要だが、その機能を一体化したのが外枡形虎口である。くちばし状に突き出した形状は射界が広く取れるという利点もあった。

枡形門の構造

モデルは徳川期の大坂城の大手門。寄せ手は最初の高麗門 (二の門) の手前で、千貫 (せんがん) 櫓からの横矢によって大きなダメージを受ける。二の門を突破すると、そこは石垣に囲まれており、3方向から攻撃を受ける。

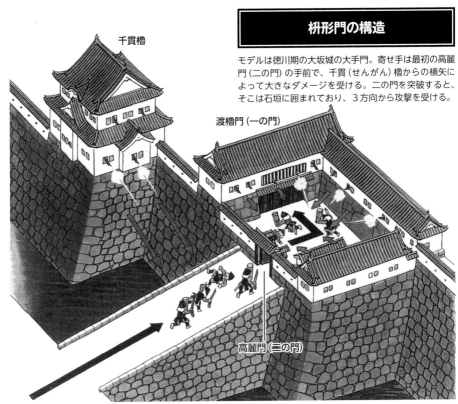

千貫櫓

渡櫓門 (一の門)

高麗門 (二の門)

2-12 水の手を守る

籠城時の生命線

籠城時に問題となるのは水の確保である。
築城者は水の確保も考慮して選地や縄張を行い、
「水の手」とよばれる水を得る施設や場所の確保に意を砕いた。

　城がどれほど堅固でも、城兵の命が維持できなければ籠城戦には勝てない。最低限必要なのは水と食料で、特に水は絶対に欠かせない。城では**井戸**など水を得るための施設やその場所を**水の手**と呼ぶ。水の手はいわば城の生命線だ。どこでも井戸を掘れば水が湧いてくるわけではなく、地形によっては水の確保が難しい場合もある。それが城の選地や縄張を左右することもあった。

　城の水の手がひとつしかない場合は、その水の手がある曲輪が敵の手に落ちれば、たとえ他の曲輪が健在でも籠城は続けられない。そのため大きい城では水の手は複数用意された。特に籠城戦の際は、最後の拠点・本丸や、なるべくその近くに水の手が必要とされた。加藤清正の築城した**熊本城**には現存するだけでも１７本の井戸があり、そのひとつは最後の砦となる天守の一角にある。朝鮮の蔚山（ウルサン）籠城戦で水の欠乏に苦しんだ経験から清正が備えたものと伝わる。

　地下水の豊富な平城では、水の手の確保もそれほど難しくはなかっただろうが、山城の場合は大きな課題だった。山や丘を利用した城では主郭が一番高くなるよう縄張するのが常道だ。これは戦闘面では効果的だが、水の手に関しては都合が悪い。山の頂に近いほど水が得にくいためだ。

　山頂部に近い所でも水脈を探すスポットはあり、井戸を掘る努力がなされたが、どうしても水が得られない場合にはもっと下がった所に水の手を探すしかなかった。なるべく敵の攻撃を受けにくい搦手方面に水の手を求め、そこまでの通路を確保する努力がなされた。

　しかし、城の立地によっては主要な水の手が敵の攻撃を受けやすい大手方面に来てしまうこともあった。**石垣山城**の水の手はそのような場所に位置し、厳重に石垣や多門櫓で守られていたと推定されている。水の手のためにひとつの曲輪を造ったわけで、これを**水の手曲輪**と呼ぶ。水の手の防御を徹底して追求した例といえるだろう。

様々な水の手

水の手で最も多いのは
井戸だ。井戸の上に櫓
を建て井戸櫓とする例
もある。湧水もあれば
もちろん利用されたが、
これらの水源が得られ
ない場合、樋（とい）を
使って遠くから水を引
いたり、川から水を汲
む方法もある。遠江二
俣城では、川から水を
汲むための水の手櫓を
設けていたが、これを
武田軍によって壊され、
開城に追い込まれた。

山頂部の水の手

山頂近くで水源を探すスポットは、
谷のでき始めの窪み付近で、尾根
上でも鞍部では水が出る可能性が
ある。うまく水が得られない時に
は、衛生面で劣るが雨水を集める
溜め井を造る方法もあった。

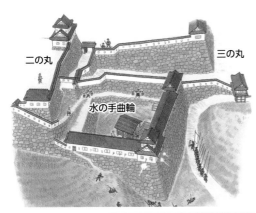

石垣山城の水の手曲輪

秀吉が北条氏の小田原城を攻略するための本陣として築いた城
だが、井戸が大手方面にあるため、水の手曲輪の四方を高い石
垣で囲むことで極めて堅固な曲輪としている。建物は推定する
しかないが、多門櫓が巡らされていた可能性もある。

名古屋城天守の井戸

名古屋城では天守地下に井戸があり、かつては一
階からも水が汲める構造となっていた。松江城、
熊本城、江戸城などでも天守地下や天守曲輪内に
井戸を見ることができる。

武田流と北条流

逆襲重視の武田、防御重視の北条

　大名たちが各地で覇を争った戦国時代、それぞれの大名家の築城法にも個性があったと考えられる。特に甲斐の武田氏や小田原の北条氏は、それぞれ個性的で優れた縄張の城を多数築いている。

　武田信玄の築城の多くが、新しい領地を経営するための支城や、領地拡大を目指した前線基地の城である。例えば信玄は今川義元の死後に駿河を占領するが、駿河支配の有力根城として駿河**田中城**を築いた。さらに遠江侵攻に備えて築いた境目の城が遠江**諏訪原城**だ。いずれも相応の軍勢が駐屯できるスペースを持ち、出撃基地としての機能が重視されている。

　武田流の縄張術を最も特徴づけるといわれるのが**丸馬出**だ。馬出は出撃に向いた攻撃的な施設だが、特に武田流の築城では馬出を半円形につくり門を2つ設けてある。これは虎口から出撃・後退する城兵を掩護するのに効果的で、積極的な逆襲を重視した構造ということができる。こうした武田流の築城法は信玄の跡を継いだ勝頼や武田家の支配下にあった武士たちに引き継がれた。その流れをくむ**真田信繁（幸村）**が大坂冬の陣で築いた**真田丸**も巨大な丸馬出と捉えることができるかもしれない。

　武田流の築城法が積極的な逆襲を重視しているのに対し、北条氏の築城は相手を引きつけて討つ防御重視のものといえよう。武蔵**杉山城**や武蔵**松山城**などでは門を曲輪内に引いた位置に造って、門前で敵に横矢を掛けられるようにしている。北条氏の城は曲輪が細かく分かれ、縦深防御が可能なように縄張されることが多い。通路を屈曲させたり、曲輪に一種の張り出しを設けたりする横矢掛りの構造が随所に見られ、敵を城内で討ち取る構造が高度に発達している。特に北条氏の城の特徴とされる**角馬出**は出撃拠点ではなく、一種の堡塁として機能したと評価されている。

　さらに北条氏の城の特徴といわれるのが**畝堀**や**堀障子**だ。彼らの全ての城というわけではないが、本拠**小田原城**をはじめ、伊豆**山中城**、伊豆**下田城**などに見られる独特の施設で、これも敵を堀の中に誘い込んで討ち取るための工夫といえよう。

　常に領国外で戦っていた信玄に対し、北条氏は領内に敵を迎えて戦うことを得意としていた。その体質の違いが城造りに現れているのかもしれない。

武田流縄張の特徴、丸馬出の戦い方

諏訪原城の馬出を用いた戦法の一例。左の虎口から出撃した囮部隊が敵を引きつける。

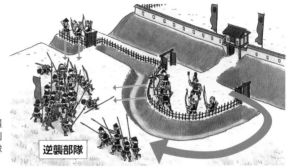

虎口・馬出からの援護射撃と、馬出の反対側から出撃した逆襲部隊とで挟み撃ちにする。

北条流縄張の代表的な防御施設

イラストは下田城の中心部。やせ尾根上に築かれた山城ながら、戦闘正面となる南と西面（下と左）には横堀が設けられ、寄せ手は横堀を越えて戦わざるを得ない。横堀の堀底は畝状に加工されて寄せ手の動きを制限する。堀に突き出た堡塁状の曲輪と尾根上の防御ラインからの射撃で敵の撃破を狙った北条最末期の縄張である。

ヨーロッパで広まった星形稜堡

大砲と鉄炮の時代の新式城郭

　城の縄張の重要な要素が**横矢掛り**であることはすでに見た通りだが、これは日本の城に限った話ではない。日本の戦国時代にあたる16世紀には、ヨーロッパでも攻城戦は鉄炮を使った攻防が中心となり、城から攻城側に対して側面攻撃をかける方法が工夫された。その結果生み出されたのが、ギザギザ状の張り出しが特徴の**稜堡**だ。大きい町を囲む稜堡はウィーンのように街の形に添った不定形になることも多いが、小さい町を守る場合や、軍事基地として造られる稜堡は幾何学的な整然とした形になり、**星形城郭**や**星形稜堡**などと呼ばれることもある。

　地震の少ないヨーロッパでは、高い塔を持つ城郭が発達したが、15世紀頃から城攻めに大砲が使われるようになると、石を積み上げただけで造られていた塔は大砲に弱かったため、戦闘用の城は大砲に壊されにくい厚みのある塁と、堀を中心に造られるようになった。これを**稜堡築城**と呼ぶが、その構成要素は日本の近世城郭から木造建築をなくしたものに近い。

　大砲が築城を変えたとはいえ、当時の大砲はまだ重い球を飛ばすだけのもので、城とそこに籠もる兵を無力化するほどの力はない。城の制圧には兵が城壁を越えて侵入する必要があり、その攻防の主要兵器は鉄炮だった。

　稜堡築城で重視されたのは、城壁の攻防で寄せ手を討ち取ることで、特に追求されたのが城壁のすべての部分に側面攻撃をかけることだった。日本の城によく見られる四角を基本とした縄張では、側面攻撃のための突出部を造っても、その前面に横矢が掛けられない死角が生まれてしまう。稜堡の星形のような突出部ならその死角をなくすことができたのだ。稜堡はさらに縦深防御も発達させて、外側に**馬出**状の**曲輪**を並べるようになり、フランス式、オランダ式など国によっても独自の形状が工夫されていった。

　日本の城は塁に櫓などを組み合わせるため、戦い方が稜堡とは異なる部分もある。しかし全く外見の印象が違う両者も、その基本となる縄張の思想や塁の構築には共通点が多い。なお近世ヨーロッパの領主の館は、軍事的な機能を必ずしも必要としなくなったため、見栄えの良い中世風の塔を備えた**城館**が主流となった。

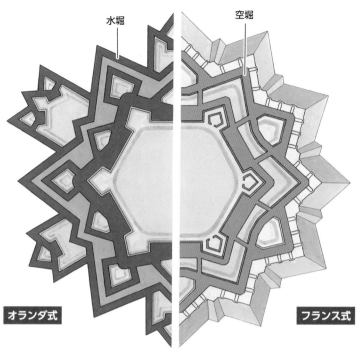

水堀

空堀

オランダ式

フランス式

星形稜堡の形式

左がオランダ式、右が
フランス式の例。いず
れも、外側の曲輪が発
達した時期を想定して
いる。低地が多く、石
材なども得られにくい
オランダでは、水堀と
土塁による構築が多い。
対してフランスでは空
堀が多く使われ、塁の
外壁には煉瓦が使われ
ることもあった。

五稜郭

江戸時代末期、箱館（函
館）に造られた日本の
稜堡築城の 貴重な 例。
ただし当時としてはい
ささか時代遅れの築城
といえる。この頃は飛
躍的に大砲の性能が上
がった時代にあたり、
城壁の攻防を重視した
稜堡より、大砲による
遠距離攻撃に応戦でき
る砲台型の城が主流に
なりつつあった。

121

土木工事が普請、建築工事が作事

**築城工事は普請と作事に分かれ、塁の造成が中心となる普請には多数の
労働力が必要だった。一方、構造物の建築を行う作事は専門職人が行った。**

　城造りの第一段階は選地や縄張などのプランニングだが、それが決まれば築城
者は整地などの準備作業に入った。山城や丘城（平山城）では大規模な伐採が必
要で、切り払った木は**柵**や**逆茂木**に使うほか、工事用材になった。

　近世城郭の**御殿**や**天守**などは、乾燥した良材が必要で、**石垣**を築く場合は石を
確保する計画も立てなければならなかった。もちろん新しい材料の調達も必要だ
ったが、新城建築に伴って不要になる城がある場合は、古い建物や石垣を解体し
てそれを再利用するのが常套手段だった。太い柱などの資材は当時も貴重なもの
で、長く建物に使われたものはひずみも起きにくく、安心して使える良材だった
のだ。現存する城の建物で、他の城の建物を移したとの伝承があるものは、おお
むね解体修理の際に転用材が見つかっている。

　準備が整えば築城開始となるが、工事は**普請**（土木工事）と**作事**（建築工事）
に分けられる。作事が主に専門職人衆によって行われるのに対し、塁の造成が中
心となる普請には多数の労働力が必要だ。その中心を担うのは領民で、普請は農
閑期に期間を限定して行われた。戦国大名の場合、税の一種として定める領民の
労働提供は年間10日前後で、それを越えると1日に米二升程度の報酬が払われ
た。ワンシーズンで終わらない大規模な普請は、農業生産に影響が出ないよう、
築城に何年もかけられることになった。

　長期間にわたる大規模な築城では、まずは本丸の普請を優先し、その次に二の
丸と、中心から外へ普請を進めていく例が多い。そのほうが資材の運搬にも支障
がなく、本丸を先に完成させれば二の丸の普請と並行して本丸の作事に取り掛か
れるからだ。また、もともと本丸は他の曲輪が落とされても単独で籠城できるよ
うに設計されているので、小さくても城の機能が整っており、防御面でもひと安
心できた。大規模な築城の場合、本丸を先に完成させたら城主が移り住む事例も
少なくない。

工事の管理

多くの築城では普請奉行が工事を管理した。奉行は郷村ごとに工事を分担させ、村の責任で普請を行わせた。作事は専門の城大工が担当する。

大規模な築城では、本丸を先に完成させ、順次外側の曲輪（大抵は二の丸）を建造する。ただし、幕府などが多数の大名に助役を命じて行う天下普請などでは、一気に全体の普請を終わらせてから作事に取り掛かることもあった。工事が始まると商人や職人も移住してくるので、城下町のプランもある程度設定しておく必要があった。

城主

普請奉行

大工頭　石垣職人　村役人

大工

大鋸挽き

人夫

不要な城の施設を解体

本丸と天守はすでに完成

二の丸は作事中

作事のための小屋

普請奉行

城下町を並行して建設

築城最大の難関　石運びと石積み

石の調達と運搬に関わる大量の労働者、
そして専門の石垣職人の指導など、
多くの人の手によって壮麗な日本の石垣は築かれた。

　普請はまず、地面に堀や塁の計画線を引く**縄打ち**から始められた。城のプランを表す**縄張**もこの作業から生まれた言葉だ。段取りを整えておいて領内の郷村から人足を集め、人海戦術で堀や塁を造る。普請の中でも、特に難関だったのは石垣造りだが、時には石垣そのものより石を集めることの方が大きな課題になった。

　戦国時代の小規模な**石積み**では、河原などで取れる自然の石も利用されたが、ある程度の大きさの石を大量に手に入れるには、それだけの石が切りだせる**石切り場**が必要だ。城の近くで石が採れるのであれば問題ないが、石切り場が遠い場合は、いかに石を運ぶかが問題だった。

　石の運搬法で効果的なのは水運の利用だ。水運に便利な石切り場が見つかれば、少々遠くても**石船**で城の近くまで運搬することができた。それでも最後は陸揚げ作業と地上運搬が必要だ。最も労働力が必要な部分で、古くから石の運搬に使われた**シュラ（修羅）**のほか、**セミ**、**ロクロ**などの道具も駆使された。

　江戸城、名古屋城などの**天下普請**では、**帳場割**によって各大名が石垣工事の担当箇所を割り当てられた。大名は石の調達もまかされていたが、石船を持たない大名は、ほかから石を購入しなければならず、それも大きな負担だった。現在の城跡で見られる石垣には刻印のあるものが大変多く、江戸城などでは石に大名の家紋が刻まれている。これは石垣の運搬者が自分たちが運んだ石であることを示し、ほかの石と紛れたり、石が盗まれたりするのを防いだものと考えられている。それほど石の調達は大変な作業だったのだ。

　石の運搬が軌道に乗ると、石積み作業が始められる。大規模な石垣造りでは、労働力に加えて高度な技術も要求される。そこで活躍するのが**穴太衆**と呼ばれた石垣専門の職人衆だ。彼らは主に人足に指示を出して現場監督を行い、要所では自ら動いて石を積んだとされる。

普請作業

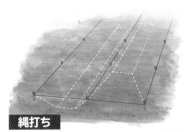

縄打ち

地面に杭を打ち、縄を張って堀や塁の計画線を描いた。現在の建築現場でも使われる手法。

矢ガネ

矢穴の跡

矢穴

石の切り出し

岩から石を切り出すには、点線状に矢穴を掘り、矢ガネと呼ばれるくさびを打ち込んだ。うまく割るには石の目（割れやすい方向）を読まねばならず、熟練が必要とされた。

蛸

小蛸

版築版

堀と土塁造り

クワなどで堀を掘り、その排土などを運んで、蛸（たこ）で突き固めた。急角度の土塁を造るときは、版築の技法が使われた。

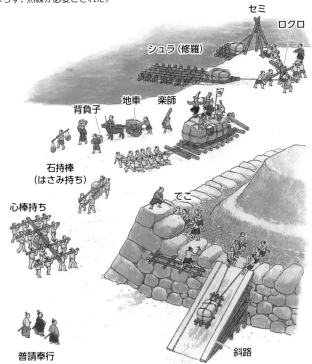

セミ

ロクロ

シュラ（修羅）

地車　楽師

背負子

石持棒
（はさみ持ち）

心棒持ち

てこ

普請奉行

斜路

石運びと石垣積み

船で城の近くまで運ばれた石は、ロクロなどで引き揚げられ、様々な方法で城まで運ばれた。特に大きい石の運搬では、祭りの山車（だし）のように楽師（がくし）や稚児が石に乗って士気を盛り上げ、城の威容を示すイベントにもなった。石積みの現場では、石垣職人を中心に、てこなどを使って石を据えていった。

指図→木作り→柱→屋根→壁

**堅固で耐久性のある日本独特の城郭建築は、
専門の城大工によって効率のよい手順で築かれた。**

築城が軌道に乗ると普請が完成した部分から**作事**（建築工事）が始められる。簡素な掘立建築が普通だった中世から戦国時代前半の城では作事のウェイトは低く、矢倉なども特に難しい建築ではなかった。しかし、**漆喰塗込め**の塀や瓦葺の櫓といった礎石建物が要となる近世城郭では作事の役割が重要になる。

作事の中心として働くのは専門の城大工たちで、彼らの仕事は縄張をベースに建物を設計することから始まる。**天守**や**御殿**などの複雑な建築を建てる際には**指図**と呼ばれる設計図を描いたが、多くは平面を示したもので、立面図まで描くのは特別な建物の場合だけだったようだ。櫓などは特別な設計は行わず、現場に合わせて建てられることも多かったと思われる。現存する**姫路城天守曲輪**の調査図面を見ると、矩形に見える石垣が実は歪んでおり、大工が石垣に合わせて建物を載せながら、上層階で歪みを補正していたことが読み取れる。

設計が決まれば、城内に仮小屋を建て並べ、材木の加工である**木作り**に入る。室町時代に大鋸や台鉋が登場して木作りの技術は急速に進歩したが、これも城の作事が発達した一因だった。特に頑丈なことが求められた城郭建築では柱や横材を強固につなぐ必要があり、**仕口**（継手）の工夫がポイントだった。

基本材の木作りを終わらせてから一気に柱を組み上げ、雨にさらされるのを防ぐため柱や壁に短時間で屋根を葺き上げるのが城に限らず日本建築の特徴だ。江戸初期には、櫓や門は耐火性の強い瓦葺が使われるようになっていたが、御殿はまだ板葺にすることが多かった。屋根が完成すれば壁造りに入る。近世の城郭建築では厚さ20〜30cmの壁が使われ、軒下まで漆喰で塗り込めることが多く、何度も壁塗りと乾燥を繰り返す必要があった。

壁造りとともに、**石落し**、**狭間**など敵を攻撃するための施設も造り、建具も入れて完成させる。塗込造りでは、窓の格子も漆喰で覆ったり、窓の扉を**土戸**と呼ばれる漆喰塗りの板戸にする工夫も行われた。

作事

建地割図

定規による
溝引き

指図

木作り

大鋸

大鋸二人引き

大工頭

墨壺

手斧

槍鉋

台鉋

仕口造り

指図を描く

紙にヘラなどで碁盤目のガイドラインを描き、その方眼を1間（約1.8m）と数えて柱や壁の位置を描き込む方法がよく使われた。建物の木組みにはパターンがあるので、大抵は平面図だけで充分だったようだが、江戸城天守など、ごく一部の建物では、外観を示した「姿図」や木組みを示した「建地割図」が残されている。

大鋸は大型の縦引き鋸で、専門職人が担当する。古代は材を縦に割るのにクサビを使っていたが、大鋸の登場で、色々な角材や板が簡単に造れるようになった。緻密さが必要な御殿などは台鉋で仕上げるが、門の作事などは無骨な手斧を用いることも多い。

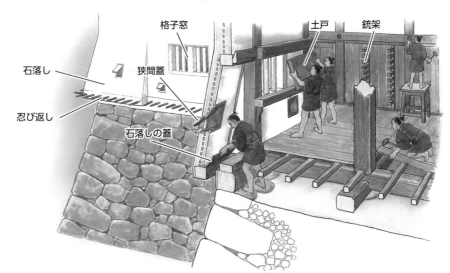

格子窓

狭間蓋

石落し

忍び返し

石落しの蓋

土戸

銃架

櫓の作事

狭間は、広い範囲を狙うようにしながらも、開口部が小さくなるように内広がりにつくる。石落しは直下の敵を攻撃するための隙間。忍び返しは石垣を登る敵を寄せ付けない工夫で、名古屋城や高知城に見られる。櫓では狭間や石落しに蓋をつける。

127

2-16 城を築く④ 城下町の建設

経済と防御の両面を考えた「町割り」

領国の経済の中心となる城下町は、経済性を優先に建設されながらも、有事には城の外郭として防御拠点となるよう設計された。

　大名の居城では、城に勤める武士の居住地としても、地域の経済拠点としても**城下町**が必要だった。特に近世城郭では、それまであまり利用されなかった平野部に新しい城が造られることも多く、そのような城では築城と並行して計画的な都市づくりが行われた。これも城造りの一環といえる。

　まず必要なのは治水だ。近世城郭では水運に便利な大きな河川の近くに城が築かれることが多かったが、その場合、川の流路を付け替えたり堤防を築いたりして町の生活空間を確保する必要があった。河川の安全利用には堤防造りが必要だが、戦闘時にはその堤防が土塁として使える。もちろん、川は天然の水堀となるので、城下の重要な防衛拠点とすることができた。そのため比較的大きい川は城下町の外側を通し、城の外郭線とするのが一般的だ。

　町のプランニングでは、道の通し方と**町割り**が重要だった。よく、「城下町の道は、敵が通り難くするために道が入り組んでいる」と説明される。確かに見通しの悪いＴ字路やクランクを持つ城下町もあるが、実際にはそのような意識が明確ではない町も多い。あまり複雑な道は町の機能も低下させるため、これを嫌った大名も少なくなかったのではないだろうか。

　町割りでは武士と町人の居住区が分けられる。ある程度の防御力がある**武家屋敷**が城を囲むように配置され、**町屋**は城下町の外縁部に置かれるのが基本だ。しかし、それだけでは城の外郭の防御が手薄になりすぎることもあるので、外側の要所に下級武士の屋敷や足軽長屋などを配する例も多い。

　町割りのプランでもっともポイントになったのは寺の配置だ。寺は広い境内を持ち頑丈な土塀で囲まれているため、防衛拠点として利用できた。そのため、近隣の寺を城下の一画に集めて**寺町**とし、いわば**出城**の役目を持つようにするのが一般的だった。例えば、治水の都合上、防御力が不足した地点に寺町を配することで弱点をカバーする例なども多く見ることができる。

城下町の構造

町屋

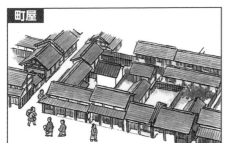

商工業者の住む町屋の建物は、道路に直接面し隣の建物と接するように建てられた。耐火性も低く、城下町の中では戦闘に対して最も弱い部分だった。

寺町

寺は塀や門の造りも城に似ており、寺の中には戦闘を想定して石垣や堀を築き、塀に狭間状の窓を設けたものもある。こうした寺を集めた寺町は、戦闘時には小さな城並みの防御力が期待できた。

堤防

外部の武家屋敷地区

江戸初期の典型的な城下町の模式図。城外で敵を迎え討つ際の外郭の防衛ラインを考えて川の流路を固定し、防衛上の弱点を補うように武家屋敷や寺町を配置した。

武家屋敷

規模によって造りは異なるが、武家屋敷は塀で建物を囲む構造が多い。寺ほどではないが、ある程度の防衛力を持っていた。

築城名人・藤堂高虎

近世城郭のスタンダードを確立した高虎流築城プラン

　築城の名手といわれる武将には、黒田如水（孝高）や加藤清正など何人かの名が挙がるが、なかでも最も名手として知られているのが藤堂高虎だろう。

　高虎は近江の地侍出身とされ、はじめ浅井長政に仕えるが、その後転々と主を変え、秀吉の弟・豊臣秀長の配下で頭角を現して城持ちの身分になった。秀長死後、その能力に注目した秀吉の強い要請で直臣となり、朝鮮侵略でも活躍したが、その頃には家康の知己を得て、秀吉の死後は家康に従って関ヶ原合戦でも戦功をあげた。

　高虎は生涯で居城が次々と変わったことから豊富な築城経験があり、天下普請でも多くの城の縄張を担当した。高虎が築いた城は、居城としては伊予宇和島城、伊予今治城、伊勢津城があるが、家康の意向により、天下普請では伊賀上野城を皮切りに、関ヶ原合戦後に再建された山城伏見城、丹波篠山城で普請・縄張を担当、丹波亀山城や江戸城の築城にもたずさわった。いずれも西国の豊臣恩顧の大名たちに対する築城で、高虎の築城法は徳川幕府の築城に大きく取り入れられることになる。

　高虎の城は、石垣が多用され整然としているのが特徴だ。櫓の形もすっきりと無駄がなく、今治城天守も破風のない層塔式天守だったことが知られている。曲輪の形もシンプルで、枡形虎口で集中的に敵を討つのに効率のよい構造といえる。特に高虎が全面的に縄張した城は、輪郭式かそれに近い縄張が採用された。なかでも今治城、津城、丹波篠山城は、よく似た矩形の縄張が見られる。いずれも自然地形の利用が少なく、ほぼ人工の部分だけで築城されているのが特徴だ。

　これらの城では、外郭は出撃にも向き、積極的に敵と戦う構造となっているが、本丸などの中心曲輪は広い堀に囲まれ、虎口の前面に馬出状の曲輪を造る構造が見られる。この馬出は出撃のためというよりも本丸の前面にもうひとつ曲輪を設けて縦深防御を強化する出丸的な役割が強い。籠城戦の際、外郭が健在の間は積極的に敵と戦い、外郭が破られれば強固な虎口をポイントとして本丸に堅く籠もる備えだ。この使い分けは多くの大名の居城で見られるプランだが、高虎の城では特にそれが明確化されている。高虎の城はいわば「典型的な」近世城郭だが、むしろ高虎の築城プランこそが近世城郭の完成に大きく貢献したといえるのではないだろうか。

藤堂 高虎
弘治 2 年（1556）～寛永 7 年（1630）

何人もの主君を変えた不忠者と評されることの多い高虎だが、近年は高い築城技術などを備えた高級技術官僚（テクノクラート）という評価に変わりつつある。今に残る近世城郭の基礎を確立した人物である。
『藤堂高虎像』 四天王寺（三重県津市）所蔵

丹波篠山城

天下普請で築城された丹波篠山城は、低い丘を利用しているが、その斜面は全て矩形の石垣に加工されている。三の丸の外に突き出た馬出は積極的な出撃を意識したものと思われるが、二の丸の虎口を守る馬出状の曲輪は、縦深防御を高める効果が大きい。

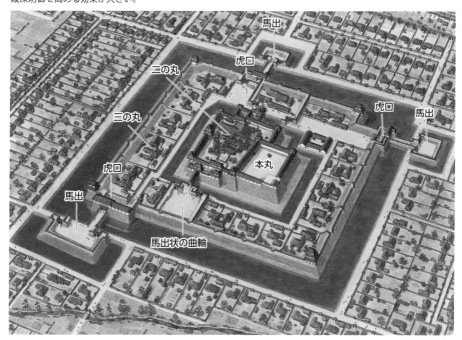

馬出
虎口
二の丸
三の丸
虎口
馬出
虎口
本丸
馬出
虎口
馬出状の曲輪

COLUMN #13

城絵図を読む

城絵図を見ると縄張だけでは分からない城の実相を知ることができる

城を復元する際、最も有力な史料になるのが城の絵図だ。江戸時代に入る頃には少しずつ城の平面図がつくられるようになる。初期のものはまだ概念的なものが多いが、有名な『**正保城絵図**』になるとかなり正確に描かれている。これは1640年代の正保年間に幕府が全大名に提出を命じたもので、現在残るものは70あまりだが、統一規格で制作されており、江戸前期の状況を知る貴重な絵図になっている。

『正保城絵図』でもまだ細かい部分は簡略化されており、また平面図に横から見た建物を合わせているので、どうしても概念的な部分がある。しかしこれ以降、時代が下るほど正確な絵図がつくられるようになった。江戸後期の絵図なら、そのまま現在の地図に載せることができるものも多い。

史料となる絵図には絵画として描かれたものもある。屏風絵に城が描かれるようになったのは織豊期で、『聚楽第屏風』や『肥前名護屋城屏風』が古い作例だ。これらの絵画は、城の全体の形は表現されないし、どれもイメージを表現したもので、デフォルメを考慮して見る必要はあるが、各部分の考証には非常に有力な手掛かりとなる。

中でも『大坂冬の陣屏風』は、城に施されたさまざまな防御施設や、寄せ手が設けた**仕寄り**などが描かれており、当時の籠城戦の様子を知るのに欠かせない史料となっている。この屏風には、空堀状の通路を移動する兵も描かれており、当時の仕寄りに、ヨーロッパで発達した塹壕に近い対壕戦術があったことも窺える。

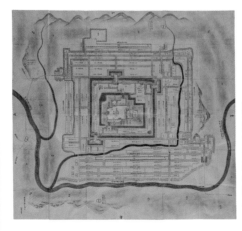

「丹波篠山城之絵図」

幕命により諸藩が作成した『正保城絵図』のひとつ。丹波篠山城は天下普請によって築かれ、藤堂高虎が縄張を担当した。城郭内の建造物、石垣の高さなどの軍事情報はもとより、城下の町割や山川の位置なども知ることができる。
国立公文書館内閣文庫蔵

第三章

城の構造物

日本の城を形成する城郭建築。
目的に応じて組み合わされた構造物を解説する。

CHAPTER 3

高石垣を可能にした「裏込め」と「反り」

**高く壮大な石垣には、目に見えない部分に
崩れないための様々な工夫が凝らされていた。**

　石垣は日本の城を代表する構築物だろう。特に近世城郭では**高石垣**（たかいしがき）と呼ばれる壮大な石垣が、伊賀（いが）**上野城**の高さ約 30 ｍを筆頭に各地の城で築かれている。中世や戦国の城郭でも石垣が使われた例は少なくないが、ほとんどは高さ４ｍ以内だ。

　高くても崩れない石垣を築くには、石垣内部の土が外に流れだそうとする圧力に耐える工夫が必要だった。そのため高石垣を築くには２つの技術的なポイントがある。ひとつは**裏込め**（うらご）の使用だ。表の石と奥の土の間に、**グリ石**（いし）と呼ばれる小粒の石の層をつくって、水だけを外に排出させるのである。古代山城でも使われていた技術だが、織豊（しょくほう）系城郭以降の石垣で本格的に復活した。

　もうひとつの技術は石垣に**反り**（そ）をつけることだ。石垣の石は、表面に出る部分よりも奥行（**控え**）のほうが深くなるように使うのが特に堅固とされるが、この控えの奥に**飼石**（かいいし）と呼ばれる小さい石を挟んで、少しずつ角度を調節しながら反りをつくったと考えられる。反りのない石垣では、中央がふくらむ「**はらみ**」が生まれ、石が崩れやすくなるとされた。

　この他、特に崩れやすい石垣の角に大きい横長の石を使い、左右交互に組む**算木積み**（さんぎ）も工夫された。また、地盤に不安がある水堀の石垣では、**根石**（ねいし）が動かないように**胴木**（どうき）が用いられた。

　江戸中期の学者、荻生徂徠（おぎゅうそらい）は石垣を**野面**（のづら）、**打ち込みハギ**、**切り込みハギ**の３種に分けており、おおむね時代の変遷に沿った分類法となっている。比較的古い野面は不揃いな石をそのまま積む手法だ。これに対し、ある程度形を整えた石を積むのが打ち込みハギで、慶長（けいちょう）期の城でよく見られる。さらに緻密に加工した石を使い、隙間がない切り込みハギは江戸前期の技法だ。石垣の角や虎口（こぐち）周り、天守台など特に重要な部分に使う例が多い。この時期には、城のなかでも目立つ虎口の石垣に巨石を見せる技法も生まれた。

石垣の内部構造

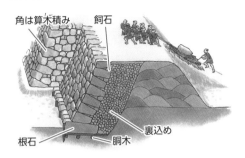

- 角は算木積み
- 飼石
- 裏込め
- 根石
- 胴木

堅固な石垣を築くには、裏込め石を入れ、飼石を挟むなど、石垣の奥の構造が重要だった。最初に積む根石は特に大きい石を用いる。水堀の石垣では、根石の下に松丸太の胴木を組んだ。胴木を縦横に組むものを「梯子胴木」と言い、これを用いた地固めを「筏地業」と呼ぶ。

特に目につきやすい虎口の石垣には、来訪者を圧倒する巨石が用いられることがある。だが巨石で有名な大坂城の33畳敷きの肥後石が実は奥行き1m未満で、内側に普通の石垣があるという例もある。

石垣の分類

野面は織豊系城郭によく見られ、慶長期の石垣は打ち込みハギが多く、野面で角だけ打ち込みハギとしたものも見られる。初期の野面では角も特徴がないが、慶長期の石垣では算木積みが使われる。切り込みハギは江戸城、大坂城の虎口などに見られる。

野面

打ち込みハギ

切り込みハギ

石積み作業の様子

- 裏込め
- 土塁を築く版築版
- 根石
- 胴木
- シュラ

安土城天守台付近の作業を推定復元。この頃の石積みは野面で、石の配置、納め方には職人的な勘が要求された。

蛸を使って突き固める「版築」

戦国以前から城の塁壁として使われてきたのが土塁で、
山城でよく使われたのが切岸である。
土塁は主に版築という構築法で築かれた。

　土を積み上げる**土塁**と斜面を削って塁壁とする**切岸**は、戦国時代の城のほとんどで主体となる塁だ。特に土塁は近世城郭でも盛んに使われている。関東や東北などで石の調達が難しい地域では、ほぼ土塁だけの城も多く、陸奥**弘前城**や常陸**水戸城**などにその例を見ることができる。

　最も丁寧な土塁の構築法は木枠を組んだ中に土を突き固めていく**版築**だ。まず地面を掘って木枠を固定するための柱を立て、下から版築版（型枠となる両側のあて木）を固定する。この中に薄く土を入れては**蛸**を使って突き固めることを繰り返していく。土が積み上がるのに応じて版築版を上に継ぎ足していき、予定の高さまで積み終えたら、柱や版築版を外して完成だ。

　古代の**築地**に見られるように、版築を使えば垂直に近い壁を造ることも可能だが、雨の多いわが国では屋根を付けなければこれを維持するのが難しかった。屋根を付けない土塁では、傾斜60度程度までが限界だったようだ。

　また土塁は、少ない手間で手早く造れることが利点だ。版築のように薄く土を重ねるが、型枠は使わない**版築状土塁**や、もっと大まかに土を重ねる**タタキ土塁**のほうが実際は多く使われたと考えられる。これらの土塁も戦国期の臨時的な築城では充分効果を発揮したと思われるが、長く維持したい場合には浸食を防ぐ必要がある。近世城郭では**法面**に芝が張られた例が多い。しかし土塁は石垣と比べればどうしても傾斜角がなだらかになり、また土塁上に建物や塀を建てる際には、上面いっぱいではなく、多少法面から離した内側に建て、土台に石積みを用いるなどの工夫が必要だった。

　切岸は、中世や戦国期の山城で大変よく使われたが、曲輪の削平や土塁の構築と一体となって造られることが多い。斜面の緩やかな部分に防御施設を設けるとき、斜面を削って切岸を造ると同時に、その排土を曲輪の縁に積み上げていけば、効率よく階段状の曲輪が構築できたのである。

土塁の構造

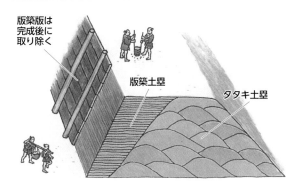

右は大まかに土を積んで固めるタタキ土塁で、左が版築土塁。城内側は上りやすいように斜面を緩やかにすることが多く、このように外側だけを版築で急斜面にすることもあった。

版築の構築過程（参考）

表土を削って整地したのち、型枠を少しずつ上に継ぎ足して固定しながら、土を突き固めていく。版築は古代の中国で発達した技術でイラストは秦の万里の長城を想定したもの。

土塁各部の名称

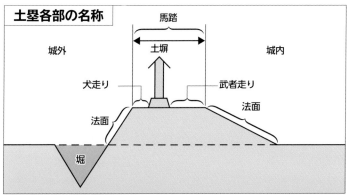

土塁上の平坦面を馬踏（まふみ）という。塀や柵を設ける場合は中央部からやや外側に築く。城外側は犬走りと呼び、敵の足がかりとならないよう狭くとられた。城内側は武者走りと呼び、城兵が行き来した。

山城の切岸と土塁

山を城に加工する場合の模式図。左の薄い色の部分を削って削平地や切岸とし、排土を右のように土塁として積めば、効率よく曲輪と土塁が造れる。

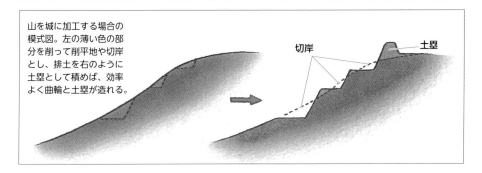

山城に多い「薬研堀」と近世城郭に多い「箱堀」

堀には目的に応じて様々な形状がある。
山城では断面がV字型になる薬研堀が、
近世城郭では堀幅が広くとれる箱堀が多用された。

　堀は形態から分類すると**水堀**と**空堀**に分けられる。戦国時代の城では山城や丘城が多いこともあって空堀が大変多い。堀には断面の形による分類もあり、戦国時代の空堀では断面がV字型になる**薬研堀**がよく見られる。造る手間は少ないが防御力の高い堀で、山城の**堀切**や**竪堀**は特にこの形が多い。

　同じ空堀でも、丘城に多い長く連なる**横堀**では、堀底にある程度の幅があるものもよく見られる。特に堀底を通路に使う**空堀道**には当然、人が通れる幅が必要だ。土で造る堀で堀底に幅を持たせると、下が小さい台形の断面になるのが普通で、薬研堀の底を広げたものとも言える。比較的地盤が固い所では、斜面を急角度に削って、断面が四角い**箱堀**を造ることも多い。

　これと似たもので、断面がU字型になる**毛抜き堀**もあり、堀幅は欲しいが空堀道には使わない場合などに用いられた。

　近世の石垣の城では、土塁より塁を急傾斜で造れること、鉄炮の普及によって堀幅を広くとる必要が生じたことから薬研堀はほとんど使われなくなる。代わりに普及したのが箱堀だ。裾が広がる高石垣の堀では断面が台形になり、城内側を石垣に城外側を土塁にする堀もあるが、これらも箱堀の一種といってよいだろう。

　水堀は水が2mも溜まれば充分な防御機能を持つ。断面で見れば空堀よりも浅いものが多い。築城者が注意を払ったのは水を溜める工夫だろう。平地の城でも実際には若干の高低差があることは多い。古代の**水城**では堀全体に水を満たすため、土地が高い部分の堀に小川の水を引き込み、その水が低い方へ流れてしまわないよう、堰を造って階段状の水堀とする方法が工夫された。

　近世の城の場合、土地が高い部分の堀は**水戸違い**と呼ばれる堰や土橋を用いて閉じた池とし、土橋の下などに水門を造って水量を調節しながら、低い堀へ水を送る方法がよく見られる。

堀の断面による分類

薬研堀
断面がV字型なのが特徴。造る手間は少ないが防御力が高く、戦国時代の山城の堀切や竪堀に多い。

毛抜き堀
堀底が丸みを帯びたU字型なのが特徴。ある程度の堀幅が欲しい時に造られる。

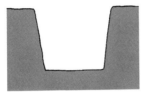

箱堀
箱型の断面をもつ底の平坦な堀。近世城郭の水堀に多い。

台形断面の堀
戦国時代の土の城の空堀道などによく見られる形で箱堀の一種。

近世城郭の水堀

グリ石

胴木

松本城の堀 本丸西側の堀の深さは平均的に浅く、中心部がやや深くなっている。低地にある松本城は、地盤が強固ではないため、天守石垣の裾部分にはグリ石と胴木を用いて入念な基礎工事が行われた。

加藤清正と石積み職人

天下普請で発揮された優れた石垣技術

　藤堂高虎や黒田如水らと並んで、築城家として名高いのが**加藤清正**だ。しかし実は清正は高虎のように多くの城を築いてはいない。清正の名声は天下の名城として知られる**熊本城**を築いたことに加え、**名古屋城**の天守台石垣をはじめ、天下普請で優れた石垣技術を発揮したことが大きく影響している。清正が築いた石垣は肥後流と呼ばれ、担当帳場では幕を張って工法を隠したという話も伝わっている。

　とりわけ名古屋城の天守台石垣の工事は清正が自ら買って出たもので、その自信とそれに恥じない見事な石垣が清正の名を高めたと思われる。江戸後期の名古屋城の記録では、実際には関わっていないはずの天守の建物まで清正が建てたとされており、名古屋城創建の中心となった偉人として扱われている。

　熊本城は建物や縄張にも個性のある名城だが、扇の勾配を持つ石垣が特に見どころとなっている。近世城郭の**高石垣**は反りを持つのが普通だが、実際には下の方は直線的で、上の方だけ反るものが多い。熊本城の石垣は全体に反りが入っているため、裾はかなり緩い角度だが、天端に近づくと垂直に近くなる。別名**清正公石垣**とも呼ばれるものだ。もちろん実際に清正自身が優れた技術を持っていたというわけではない。飯田覚兵衛、三宅角左衛門といった、土木作業に秀でた家臣たちの名が今に伝わっている。

　石垣職人は**穴太**と呼ばれることが多い。穴太衆の起こりは、信長が安土城の石垣を築くために比叡山の石塔師であった穴太の職人を召し出したことによる。彼らもかつてない大規模な石垣造りに最初は試行錯誤したことと想像されるが、特に現場監督の役につくようになって士分に取り立てられ、その経験から他の城でも石垣造りに従事するようになった。需要に応じて集団は大きくなり、石採り（石を切り出して運ぶ）技術や石積み技術を発達させていったと考えられる。

　のちに穴太は石垣師の別名となり、直接穴太に学んだ者でなくても石垣技術を持っていれば穴太と呼ばれたり、穴太を名乗ったと思われる。全国で石垣工事が行われた慶長期には、全国の大名家が彼らを競って召し抱えた。清正配下の石垣師も、特に独自技術を磨いた穴太の一団だったと考えられる。

熊本城の二様の石垣

写真手前の石垣が「清正公石垣」と呼ばれる扇の勾配を持つ石垣である。最初は緩やかな勾配が天端に近づくほど垂直になっているのが分かる。ちなみに「清正公石垣」の一段奥に見える石垣は細川時代のもの。※

加藤清正
永禄5年 (1562)〜慶長16年 (1611)

藤堂高虎と並ぶ築城の名手で「清正公石垣」と呼ばれる石垣の技術で知られる。熊本城や肥前名護屋城、蔚山 (ウルサン) 城、天下普請の江戸城、名古屋城など数々の城の築城に携わった。また穴太衆を領内の治水事業の堤防造りにも用いている。その土木技術は卓越しており、現在でも使用されている遺構も少なくない。
『加藤清正像』 勧持院所蔵

※熊本城は、平成28年4月に発生した熊本地震で、重要文化財13件を含む建物・石垣が被災しました。特別公開等の見学情報は、公式HPでご確認ください。写真は地震前のもの。

3-4 　塀と狭間

城兵を矢玉から守り、
弓や鉄炮で攻撃する施設

**塀は敵の矢玉を防ぐと同時に、塁や堀などの防御施設で足止めした敵を
狭間から攻撃できる施設である。**

　城の防御施設は堀や塁などを組み合わせて造られるが、そのなかでも最も内側に造られるのが**塀**である。塀の役目は城兵を敵の矢玉から守ることだ。見方を変えれば、塁や堀が足止めした敵を城兵が身を隠しながら弓や鉄炮で攻撃するための施設が塀だといえる。

　塀のルーツは古代の**築地**に求められる。版築で土を積み上げた築地は分厚く高い塀で、堅固な城壁だったが、敵を討ち取るためには築地の上や内側に矢倉を設ける必要がある。しかし戦国時代や近世の城では、敵の侵入を防ぐ役目は堀、塁、柵が担うよう工夫された。築地よりも幅が広く、上に兵が乗ることのできる塁の上に築地よりもコンパクトな塀を乗せれば、築地よりも敵を討ち取る能力が高い城壁が完成するのである。

　塀から敵を攻撃するために造られたのが**狭間**だ。狭間には、矢を射るための**矢狭間（弓狭間）**と**鉄炮狭間**がある。戦国時代の築城法を記した『築城記』によれば、矢狭間は縦が90cmもある。手を伸ばして射る弓は射手の顔が1m近く塀から離れるため、ある程度の広さがなければ敵を狙うことが難しい。しかし近世の城の矢狭間はこれよりずっと小さい。武器の想定は鉄炮が中心で、「矢も射ることができる」という程度だったと考えられる。

　狭間を造る以外に、低い塀の上から敵を攻撃する方法もある。この場合、狭間を設ける塀ほど緻密な造りでなくてもよく、戦国時代の城では胸壁状の小規模の土塁が塀の役目を果たすこともあった。

　狭間による攻撃と塀の上からの攻撃を組み合わせる方法もあり、『大坂冬の陣図屏風』に見ることができる。控え柱を利用して塀の内側を上下二段に分け、下の段の兵は狭間で、上の段の兵は塀の上から敵を攻撃するのだ。この方法を使えば、塀でも二階櫓並みの攻撃力を持つことができるわけで、塀の力を最大限に引き出した利用法といえるだろう。

塀の種類と構造

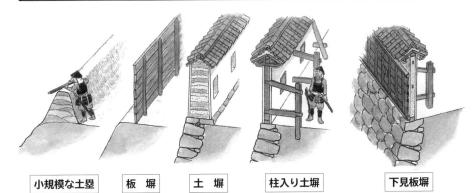

| 小規模な土塁 | 板塀 | 土塀 | 柱入り土塀 | 下見板塀 |

戦国時代初期の塀は、小規模な土塁や板塀も多かった。土塀は築地と同様、土だけで積み上げるものだが、中に柱を入れたり、控え柱を設けたりして強度を増すよう工夫された。雨の浸食や形が狭間の崩れを防ぐため、表面には漆喰が塗られた。腰に下見板を張って浸食を防ぐ方法もあった。

戦国時代の塀と狭間 ▶

『築城記』に記載された狭間の模式図。門の脇には鑓を想定した横長の横狭間を造ることもあった。

横狭間

横狭間

近世城郭の塀と狭間

塀に設けられる攻撃施設をまとめて表している。石垣上の塀の場合、真下が死角になるのでこれを補うため石落しが設けられた。文字通り石を落とすだけでなく、鉄炮を下向きに撃つこともできた。右は『大坂冬の陣図屏風』に見られる内部が上下二段になった塀。

鉄炮狭間

石狭間

内部を二段にした塀

矢狭間

石落し

簡素な冠木門から厳重な櫓門まで、用途によって使い分ける城門

敵の侵入を直接防ぎ、部隊の出撃場所ともなるのが門だ。
簡素な造りの冠木門に矢倉を組み合わせ、
のちに強力な防御力を持つ櫓門へと発展した。

　虎口で直接敵の侵入を防ぐのが**門**だ。当然、最も敵の攻撃を受けやすい部分だが、逆襲部隊が出撃しやすいことも重要で、堅固で使いやすい門が古来から工夫されてきた。最も基本的で多く用いられたと思われるのは、柱を立て、扉の上を横木（冠木）で繋いだ**冠木門**だ。近世では礎石を使って建てられることもあるが、本来の冠木門は掘っ立てで、通常の建物より地中部分を深くして、簡素でも倒されにくい構造となっていた。

　冠木門をより堅固にするため、門柱のうしろに控え柱を立て貫で門柱と繋ぐ方法もよく用いられた。この控え柱と門柱の上に舞台状の矢倉を乗せるのが中世の**矢倉門**で、門を破ろうとする敵を正面上から攻撃できる強力な門だ。この矢倉門が、鉄砲が普及して構造が変化した織豊期に、壁や屋根の付いた櫓を乗せた**二階門**に進化したと考えられている。

　二階門も、初期の簡素なものは門の上に櫓を乗せるだけだったようだが、これが発展して、両側に足を持つ大型の**櫓門**や、石垣上に櫓を渡す「**渡櫓門**」も造られるようになった。櫓門は、門の真上の床板を外せば、石落しと同様に下方への攻撃が可能で、最も攻撃力の高い門といえる。

　冠木門以外の単層の門は、屋根の付け方によって**腕木門（棟門）**、**薬医門**、**唐門**などの種類がある。近世城郭で最もよく用いられたのは、控え柱の上にも屋根を付けた**高麗門**で、秀吉の朝鮮侵略以降の形とされている。門を開いた状態でも扉が雨に当たりにくい利点があり、特に**枡形虎口**の二の門（外側の門）には大抵この形式が使われている。

　このほかに、特殊な門として**埋門**、**穴門**がある。埋門は敵に攻められた際に石や土で埋めて塞ぐことができる門で、塀の下に門を開く形が多い。穴門は石垣内に造るトンネル状の門で、どちらも普通は小さく、間道などに使われる。穴門で、かつ埋門といえるものもある。

様々な門の形状

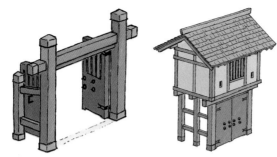

冠木門（左）と二階門（右）

戦国時代や近世で「木戸」と呼ばれた簡素な門の多くは冠木門であった。門の扉には、厚い板のほか、弓や鑓で門前の敵を攻撃できるよう、扉の上部が格子になったものもあった。重要な門や天守入り口などでは、扉や門柱を鉄板で覆ったものもある。

櫓門の例（姫路城菱の門）

姫路城内曲輪（建物が現存する部分）の表門になる菱の門は足付きの櫓門で、惣漆喰塗りだが、壁に凹凸のない大壁造りではなく、柱の形がわかる古い形式の真壁造りとなっている。

高麗門

文禄・慶長の役の頃から一般化した門で枡形門でよく見られる。それ以前のものより屋根が小ぶりになり、守備側の死角を減らした。

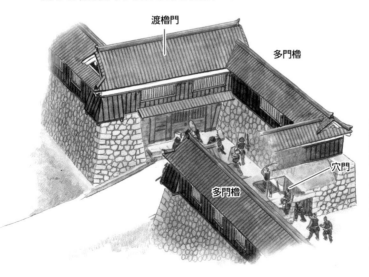

渡櫓門

多門櫓

穴門

多門櫓

渡櫓門の例（熊本城西櫓御門）

近世の櫓門は、イラストのように多門櫓と一体になった渡櫓門が多い。渡櫓門では、門前に枡形空間があり、門の向かいに小さいトンネル式の門（穴門）もある。渡櫓門を攻める敵の背後から不意打ちをかける仕掛けと想定される。

3-6 土橋・木橋・廊下橋

用途によって使い分ける土橋と木橋

城の橋は虎口の構造物の一部で、土橋と木橋に大別できる。
出撃することも考えた虎口では土橋を使い、
防御に徹したい虎口では木橋を使った。

堀にかけられる橋は**虎口**の構造物の一部で、地面が繋がる**土橋**と、木造の**木橋**とに大別できる。戦いの際に城兵が出撃することも考えた虎口では土橋を使い、固く閉ざしてしまいたい虎口では壊すことのできる木橋を使ったと考えられる。そのため、広く造る大手口などは土橋が多く、搦手口は木橋が多い傾向があるが、城によって個性があり一概にはいえない。

戦国時代の城跡では、堀切などの空堀を一部掘り残した土橋がよく見られるが、完全に遮断された堀では木橋が架けられたものも多かったと推定される。絵巻に描かれた中世の武士の館や合戦屏風の城には、欄干のつかない簡素な木橋が見られる。山城では丸木橋なども使われただろう。近世の城では、頑丈な橋桁を持ち、欄干が付く堅牢な木橋が使われる例が多い。

橋に壁を設けて、敵からの攻撃や見通しを防ぐ**廊下橋**も工夫された。土橋形式のものでは名古屋城の天守に入る橋に見られるが、木橋形式のなかには、壁に加えて屋根が付き、多門櫓に近い造りとなったものがある。

彦根城の本丸入り口となる**天秤櫓門**では、前面の木橋がかつて廊下橋だったことが知られる。この橋の下は空堀道となっており、敵が侵攻してきた際、空堀に入った敵の矢玉を防ぐと同時に、橋の上からも敵を攻撃できる。さらに、橋を渡るところまで敵が迫ったら、橋を落とせば高石垣の上の門は城外側から隔絶されるのである。**高知城**や**盛岡城**の本丸入り口もこれと同様の構成で、二の丸から空堀を隔てて廊下橋が架けられていた。

特殊な構造を持つ木橋には、**引橋**や**車橋**などと呼ばれたものもあった。橋の一部が外れるようになっており、その下に車輪をつけて城内側に引き取ることができたと推定されている。同様の工夫として、跳ね橋もあった。江戸城本丸の搦手口となる**北桔橋門**では、門の上部にある滑車を使ってその前の橋を引き上げたと推定されている。

戦国山城の橋

イラストは駿河丸子城の主郭北側部分の推定復元。主要な橋は空堀を削り残した土橋となっているが、堀で遮断された手前の曲輪は簡素な木橋で繋がっていたと推定されている。

本丸御殿

一段上の廊下橋

廊下橋

通常の橋

空堀道

二の丸

廊下橋（近世城郭）

イラストのように盛岡城の本丸と二の丸は空堀道で隔てられ、通常の橋と廊下橋で結ばれていた。江戸後期になると本丸御殿の建物が不足して二階・三階が増設されたが、さらに二の丸の御殿と本丸御殿を結ぶ上下二段の廊下橋が造られ、空堀に降りる階段も付けられて、非常に複雑な構造となっていた。

石垣の塁上に築かれた攻撃拠点

**近世城郭の櫓は単層櫓のほかに攻撃力の高い二階櫓が
塁線の角などの要所に建てられ、
普段は倉庫としてなど様々な用途で使われた。**

　近世城郭の櫓は高い塁上に建てられるため、**平櫓**などの**単層櫓**も多く造られた
が、二階以上の**重層櫓**は、さらに多くの兵が配備できて攻撃力が高く、石垣の角や、
虎口付近などの要所に建てられた。石垣の城では、塁が直線的になるため曲輪の
形に角ができるが、この角によって死角が生まれることが石垣の弱点だった。し
かしこの上に櫓を設ければ死角をなくせるだけでなく、他の部分より広い範囲を
攻撃できた。曲輪の角に設けられる櫓を**隅櫓**と呼ぶ。

　耐火、耐水性に優れ、土蔵と同じ厚い壁を持つ近世の櫓は、普段は倉庫として
使われることが多い。貯蔵されるものによって「**塩櫓**」「**糒櫓**」「**鉄炮櫓**」などと
名付けられる例も見られる。

　天守も櫓の一種だが、天守の場合は下部に対して上部が小さいものが古い形式
と考えられている。櫓も一階の屋根に**入母屋**などの**破風**が造られ、その上に小さ
い二階を乗せたものは比較的古い形とされる。これに対して、一階屋根の入母屋
がなく塔のように均整の取れた櫓は比較的新しいものが多いが、明確に区分でき
るほどではない。また、一階と二階が同じ大きさの二階櫓もあり、**重箱櫓**と呼ば
れる。三階以上の櫓は、特に大きな城の要所に設けられ、時には第二、第三の天
守の役目を果たすこともあった。

　長屋状の**多門櫓**は、塀と同じように塁上に伸びるものだが、敵の侵入を防ぐ力
は塀よりも強く、本丸の周囲など、特に重要な部分に用いられた。櫓は倉庫とし
て使われるだけでなく、住宅的に使われることもあり、多門櫓ではそのような例
も多い。通常の櫓は防御上、窓は広く取らず、最低限の採光が得られる程度にす
るものだが、住宅兼用の櫓では、城外に面した側は通常の櫓と同じように造り、
城内側を開放的に造る。本丸を守る多門櫓では、本丸御殿の一部となったり、天
守に繋がって**天守曲輪**を構成するなど、多機能の櫓となるものも多く見られる。

櫓の形状による分類

監視と射撃の拠点という櫓の性格から、要所に配置する櫓は平櫓ではなく二階櫓が基本となる。また三階櫓は大型のものになると天守に匹敵する規模となり、大型の城にしか築かれなかった。

単層櫓	重層櫓
平櫓	二階櫓
多門櫓	重箱櫓
渡櫓	三階櫓

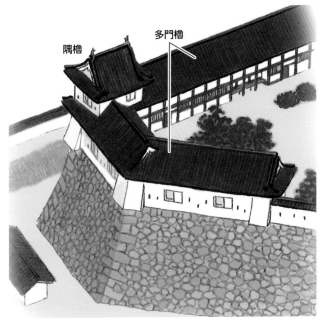

隅櫓
多門櫓

隅櫓と多門櫓の配置

イラストは典型的な隅角部の櫓の配置を模式化したもの。多門櫓は多くは単層櫓を塀のように長く繋げたもので、石垣ラインの角になる隅の部分は隅櫓として二階櫓とすることが多い。土壁からなる近世の櫓は、石垣との組み合わせで強力な防御力を発揮した。

トンネル状の埋門
数寄屋風の内部
腰曲輪

姫路城帯櫓（多門櫓）

帯曲輪にある帯櫓（おびのやぐら）は、内部に数寄屋風に造られた部分があり、住宅的な構造を持つ。埋門からは塁下の腰曲輪へ降りるための地下道が通っている。

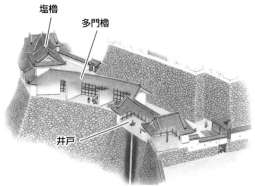

塩櫓
多門櫓
井戸

姫路城塩櫓

天守北側の帯曲輪にある塩櫓と、それに続く多門櫓。内部は倉庫的で、廊下のように行き来することはできない。塩櫓は、実際に塩を貯蔵した櫓。多門櫓には井戸もあった。

死角をなくす様々な工夫

戦闘時は攻撃の拠点として、平時は倉庫として使われた櫓は、
実用的で質素に造られた。
装飾に見える破風も、実は死角をなくす工夫だった。

　城郭建築である**櫓**は、通常の住宅よりも柱や梁が太く、頑丈に造られる。戦いのための建物であり、日常は倉庫として用いられることが多いため、内部は装飾を排した質素な空間となることが多い。普通は天井も造られず、屋根を支える小屋組みが見え、二階以上の**重層櫓**の場合は、二階の床がそのまま一階の天井となる**床天井**とされている。ただし、住宅的に使われる櫓の場合は畳が入れられて、障子などの建具を使う場合もあった。

　櫓には敵を攻撃するための備えも必要だ。鉄炮などを撃つための**狭間**を造るだけでなく、下を攻撃するための**石落し**や**破風**も付けられた。よく櫓や天守の上層階には、屋根の妻の部分・破風が用いられ、外観に変化をつけている。破風には**唐破風**や**切妻破風**があり、最も多用される**千鳥破風**は城郭建築特有の装飾だ。この破風は単なる飾りとは限らない。多くは内部に小さい**破風の間（破風部屋）**が造られ、兵が配備できるようになっている。二階が一階より小さい櫓の場合、二階からの鉄炮の攻撃は一階の屋根に遮られて、下に広い死角ができる。二階の母屋から外に突き出した破風の間は、母屋部分より死角が少なく、防御上でも利点があったのだ。

　三階櫓では、一階と二階が同じ大きさのものも多く、屋根による死角が少ない利点がある。名古屋城の本丸隅櫓はいずれも三階櫓だが、外観は二層で一階と二階の間に庇がない。さらに二階部分に出窓式の石落しがついて、本丸を囲む空堀内への攻撃が強化されている。

　現存する櫓の中には、**熊本城宇土櫓**や**岡山城月見櫓**のように、石垣の段差を利用した半地下構造を持つものがあり、これらの櫓では城外側と城内側で階数が異なる。いずれも地階と一階は繋がっていないが、岡山城月見櫓では、一階の床が外せる備えとなっており、地階には石落し用と思われる礫が蓄えられていた。戦闘時に取り出せる仕組みだったと推定されている。

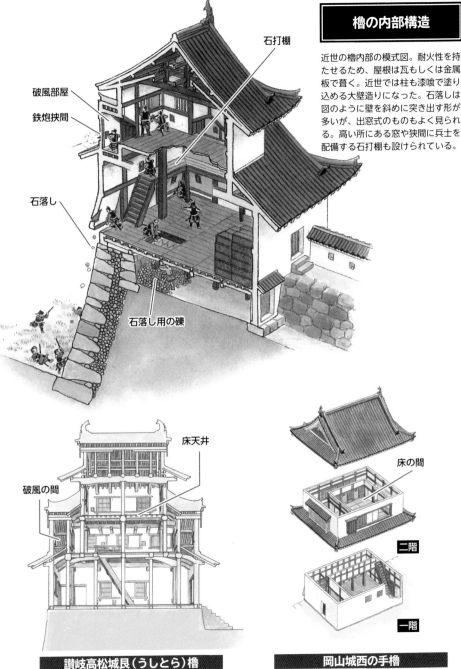

石打棚

破風部屋

鉄砲挟間

石落し

石落し用の礫

櫓の内部構造

近世の櫓内部の模式図。耐火性を持たせるため、屋根は瓦もしくは金属板で葺く。近世では柱も漆喰で塗り込める大壁造りになった。石落しは図のように壁を斜めに突き出す形が多いが、出窓式のものもよく見られる。高い所にある窓や狭間に兵士を配備する石打棚も設けられている。

破風の間

床天井

床の間

二階

一階

讃岐高松城艮(うしとら)櫓

高松城に現存する三階櫓。二階、三階が均等に小さくなる層塔型の櫓だが、二階の破風の間は一階と同じ面までせり出していることがわかる。

岡山城西の手櫓

一階と二階が同じ大きさの重箱型。この櫓では一階が通常の櫓と同じ倉庫の造りだが、二階は床の間もある数寄屋造りとなっている。

151

火の見櫓、月見櫓、御三階櫓

> 櫓の中には特別な構造や働きを持つものも多くあり、
> 戦闘以外の様々な用途に使用されていた。

　櫓の中には、特別な構造や働きを持つものもあった。寛永期（1624～1644）の『江戸図屏風』を見ると、武蔵川越城に井楼矢倉が描かれている。江戸前期の城では、まだ井楼も造られていたのだ。この井楼矢倉のスタイルを継ぐ、**火の見櫓**タイプの櫓は幕末まで存在し鐘楼や鼓楼に利用されていた。太鼓や鐘は、日常の時報はもちろん、戦闘時の合図にも欠かせないものだった。

　戦闘以外を目的とした機能を持つ櫓の代表は**月見櫓**で、松本城天守の付櫓のひとつとして残されているほか、備前岡山城にも現存している。その名の通り月をながめ月見の宴を開くための櫓なので、当然通常の櫓よりも開放的に造られている。しかし岡山城の月見櫓の場合は、本丸の隅櫓も兼ねており、城内側の南・東面だけに縁側が付く数寄屋風となっている。このように実戦重視の「外の顔」と日常用の「内の顔」が大きく異なる櫓も多い。

　讃岐高松城にも「月見櫓」が現存するが、月見用の施設がなく、海に面していることから、本来は船の到着をチェックする「着見櫓」だったと推定される。「潮見櫓」も同様に船を監視する櫓で、筑前福岡城に現存している。

　もう一つ、特に東日本で多くの城に存在した特徴的な櫓が御三階櫓だ。おおむね、江戸初期の築城全盛期を過ぎてから建てられたもので、天守の代わりになる櫓である。江戸城の天守が失われて以降、特に東日本では、幕府に遠慮して天守を建てない傾向があり、天守に代わる城のシンボルとして御三階櫓がよく設けられたのである。

　御三階櫓には、**弘前城天守**のように実質的に天守でありながら「御三階」と名付けられたものが多かった。なかでも江戸中期に建てられた**水戸城御三階櫓**は独特で、土台石垣もなく、狭間などの防御施設も見当たらない。しかし、内部は五階建ての塔で、城のシンボルとしての役割は果たしていた。これも平和な時代の城ならではの特殊な櫓といえよう。

戦闘とそれ以外の目的を兼ね備えた櫓（岡山城月見櫓）

破風の間
縁側
畳敷きの二階
一階
半地下室
地下倉庫
石落しを備えた出窓
石狭間

城外側から見ると二階櫓だが、城内側から見ると石垣の段差を利用した半地下室があり、三階櫓に見える。櫓の隣（手前）には地下倉庫があった。二階は畳が入れられる住宅的な造りで、城内側に縁側と雨戸が付いていたが、城外に面する部分は戦闘重視の構えである。

天守代用の櫓の例

水戸城御三階櫓

「御三階」と名付けられ、実質天守の役割を果たした櫓は、特に東日本の城に多かった。なかでも水戸城御三階櫓は独特のフォルムで異彩を放っている。実際には五階建てでありながら「三階」と称し、通常の天守のように、戦闘時に最後の砦となるような機能は考えられていない。城のシンボルとしての意味が大きかったと思われる。

鐘楼・鼓楼の例

左側の鐘楼のモデルは津和野城の時打櫓。太鼓と鐘の両方が据えられたと推定されている。右は高知城にある鐘楼。寺の鐘撞堂に似かよった形になっている。このほかにも通常の櫓の二階を開放的に造って太鼓や鐘を据えることもあった。

白い壁の惣塗込め造りと
黒い壁の下見板張り

**近世城郭の櫓の壁は、耐火性と耐弾性に優れる漆喰塗込め造りと
下見板張りが基本となった。**

　織豊系城郭で**櫓**が最も大きく変化した点は、弓での戦いに向いた開放的な建物
から、鉄炮に対応した堅固な壁を持つ閉鎖的な建物になったことだ。織豊期の櫓
は、まだ通常の日本建築のように柱が外側に露出し、軒裏などにも木部が見えて
いたと思われるが、近世城郭では火矢などの攻撃にも強い壁を造るため、柱を外
に見せない**漆喰塗込め造り**が発達した。

　壁の構造の基本は、通常の日本建築と同じく、下塗りに竹や木を縦横に組んだ
木舞を芯にして、荒縄を巻き、壁土を塗り込んでいく**荒壁**だ。しかし城の場合、
その壁に 10〜20cm もの厚みを持たせるため、荒壁を乾かしてから、藁縄を
張ってまた荒壁を塗るなどの工程が必要だった。また、火矢の攻撃や火災から櫓
を守るため、軒裏を塗込める手法が工夫され、垂木などの材にびっしりと縄を張
り付けて壁と同様に仕上げられた。

　壁の仕上げには**漆喰**を塗り上げる。城の建物や塀は、全体を漆喰で白く仕上げ
る**惣塗込め造り**と、雨などで痛みやすい壁の下部に、黒い**下見板**を張る方法があり、
印象が大きく変わる。通説では、織豊期などの古い時代には下見板張りが多く、
新しいものは惣塗込めが多いとされるが、どちらも壁造りの基本は変わらない。
伊予**松山城**では江戸前期の壁の修理で、惣塗込めが下見板張りに変えられた。こ
れと同様の例や、その逆の例もあったと思われる。

　閉鎖的な櫓にも最低限の窓が造られたが、よく用いられるのは、ある程度敵の
攻撃を防げる太い**格子**が入った窓だ。木部を見せ、突き上げ戸で覆うのが比較的
古い形で、格子まで漆喰で塗込め、**土戸**を付けるのが発達した形とされる。格子
のない窓や、**火燈窓**が使われることもあった。

　塀の**狭間**は漆喰だけで仕上げることも多いが、建物の狭間では、内部を板で囲み、
狭間蓋をつける。**大坂城千貫櫓**などでは、狭間蓋の上から漆喰を塗って、外から
狭間が見えない「**隠し狭間**」も使われている。

壁の構造

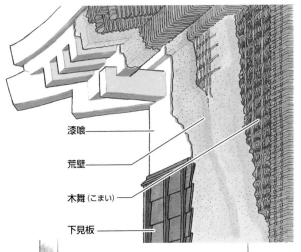

漆喰

荒壁

木舞 (こまい)

下見板

漆喰塗込め造り

木舞を芯とするところは一般の日本建築の壁と同様だが、柱や軒裏にも縄を巻き、厚い荒壁で全体を塗り込める。仕上げの漆喰も、3回程度の塗りが必要とされる。

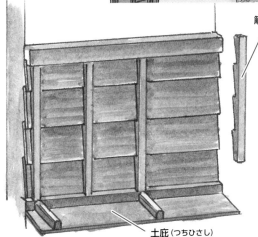

箆子縁 (ささらこぶち)

土庇 (つちひさし)

下見板張り

横板を少しずつ重ねて張り、箆子縁で押さえる。下見板を含めて、雨の当たりやすい木部には墨や柿渋などを塗って防水加工とする例が多い。重厚な黒漆もよく使われた。

窓の種類

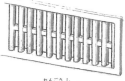

格子窓 (突き上げ戸)　**格子窓 (引き戸)**　**連格子窓**　**火燈 (華頭) 窓**

櫓や天守の窓に多く見られるのは格子窓で、外に突き上げ戸が付くものと、内側に引き戸が付くものがある。連格子窓は、多少防御力が劣るが、多くの兵を配置できる。櫓門では連格子が使われることが非常に多い。火燈窓は禅宗建築から来たもので、天守によく使われ、デザインのアクセントになった。

望楼を乗せた望楼型と
均整がとれた層塔型

天守には、入母屋根の建物に小型の望楼を乗せた望楼型と、
下の階から上の階へ均等に小さくなる層塔型の2種類のタイプがある。

　天守は、織豊期に城のシンボルとなる大型の**櫓**として定着したものだ。外観はほとんど三層もしくは五層で、その形によって**望楼型**と**層塔型**に分けられる。大きな**入母屋根**の建物の上に小さい望楼を乗せた形が望楼型で、織豊期から慶長期にかけての古い天守はおおむねこの形だったと推定されている。天守の先駆けとなった**安土城天主**や、秀吉の**大坂城天守**も、文献や屏風絵などから望楼型だったことが確かめられる。現存する天守でも、特に古い形を残すとされる出雲**松江城**、尾張**犬山城**、越前**丸岡城**に加えて、新しい印象がある姫路城などの天守も望楼型である。これに対し層塔型は、入母屋根を持たず、下の階から上の階へ均等に小さくなっていくものだ。慶長期以降に見られる新しい形とされ、現存するものでは伊予**宇和島城**、讃岐**丸亀城**などの天守がこれにあたる。徳川幕府によって造られた**江戸城**、**名古屋城**、再建された**大坂城**も、天守はいずれも層塔型だ。この形を考案したのが、幕府の城大工、中井家だった可能性も考えられよう。

　江戸前期以降に造られた**御三階櫓**も、その多くが層塔型天守の形式となっている。整然として均整がとれた印象の層塔型だが、なかには豊前**小倉城天守**のように、最上階が下の階より大きい個性的なものもあった。

　安土城天主は信長の居室だったとされるが、それ以降の天守は櫓としての要素が強くなり、普段はあまり人が出入りしない倉庫として使われるのが普通だった。しかし城を象徴する建物で、最も見晴らしの利く塔だったから、時には城主が天守に登ることがあった。その時には最上階が御座所になったし、籠城の際に城主が指揮を執ることも想定されていた。

　そのため最上階だけは、開放的な住宅造りとなって高欄が付き、柱を見せて火燈窓などの装飾も備えた天守が多い。これも比較的古い形式と考えられており、新しい天守では最上階も壁で覆ったものがよく見られる。

望楼型と層塔型（宇和島城の例）

千鳥破風

入母屋屋根

天守台

望楼部分

初期の望楼型天守

現存する古絵図、平面図などより推定復元。藤堂高虎による築城当初は、一階の入母屋屋根の上に二階、三階を乗せる典型的な望楼型天守で、壁は下見板張りで複雑な屋根の構成だった。

千鳥破風

唐破風

天守台

現存する層塔型天守

寛文年間（1661〜1673）に伊達宗利によって行われた改修で現在の漆喰惣塗込めの層塔型天守に建て替えられた。入母屋屋根がなくなり、層塔型の特徴である下の階から上の階へ均等に小さくなっていくのがわかる。屋根のように見えるのは千鳥破風である。

天守を取り巻く防御施設群

最後の砦となる天守と、それを取り巻く小天守などの櫓は、
連結して強力な天守曲輪を形成した。

　天守には、戦闘時の城主の指揮所という役目と、本丸まで敵の手が迫った場合の最後の防衛拠点という役目があった。天守に敵が迫るような事態になれば落城は時間の問題とも思えるが、築城がピークに達した関ヶ原合戦直後の状況では、どの城も単独で籠城戦を行うことは想定していなかったと思われる。例えば、対豊臣戦を想定して築城された名古屋城の役割は江戸から**後詰**（ごづめ）が来るまで持久することであり、天守だけになっても籠城して時間を稼ぐことに意味があった。

　この時代の天守には、**小天守**（こてんしゅ）や**付櫓**（つけやぐら）などが連結されて防御力が高められているものが多い。松本城では、天守入り口の門が**大天守**（だいてんしゅ）と小天守の間にあって、門前を両側から攻撃できた。また名古屋城では、小天守を通らなければ大天守には入れない構造となっていた。

　さらに天守の防御を強化したのが**天守曲輪**で、天守と、その付属施設がひとつの曲輪を造り、櫓などで囲んで、それだけで小さな城となるものだ。美作（みまさか）**津山城**などにあったほか、讃岐**高松城**の本丸も実質的に天守曲輪だった。特に、多門櫓を使って天守に小天守や櫓を連結させ、中庭を囲むものは、**連立式天守**とも呼ばれる。**姫路城**、**和歌山城**、伊予**松山城**にその例が見られ、天守曲輪の中でも特に完成度の高い形とされる。

　防御力を高めた天守でも、建物だけで籠城するには限界があるが、庭部分も含む天守曲輪では、より多くの兵が入れられ、長期の籠城にも対応できた。姫路城では中庭に台所があり、大小の天守に厠（かわや）（トイレ）もあったが、使われた形跡がなく籠城用の施設と考えられている。

　こうした天守に対して、付属建物が全くない天守を**独立式天守**と呼び、江戸前期以降の天守に多く見られる。このタイプの天守は、広く城外を監視する役目は持っていただろうが、戦闘力は重視していなかったと考えられる。

天守曲輪の例

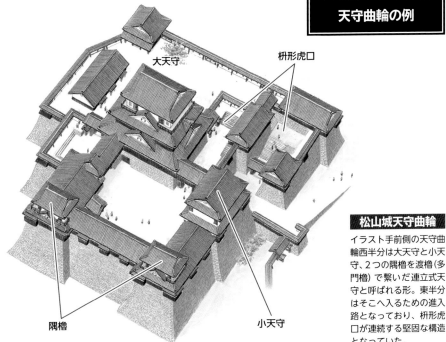

大天守

枡形虎口

隅櫓

小天守

松山城天守曲輪

イラスト手前側の天守曲輪西半分は大天守と小天守、2つの隅櫓を渡櫓（多門櫓）で繋いだ連立式天守と呼ばれる形。東半分はそこへ入るための進入路となっており、枡形虎口が連続する堅固な構造となっていた。

和歌山城天守曲輪

上段は変形の連立式天守で、下段と合わせて二段構えに多門櫓が廻る。イラストは裏手にあたる西から見ている。

天守

巨大建築を支え、籠城戦を意識した様々な工夫

> 天守は上の階に行くほど次第に小さくなる構造で、
> 各階は母屋部分と入側と呼ばれる回廊に分かれていた。

　籠城戦を意識した**天守**には、その内部にも工夫が凝らされたものが多い。天守の土台となる石垣（**天守台**）の内側に空間を造り、地階とする構造はよく見られるもので、既に安土城天主でも造られていた。光が入らず夏も涼しい石垣内は**石蔵**と呼ばれ、兵糧などを貯蔵するのに適していた。

　石蔵は極めて堅固な部屋でもある。戊辰戦争で激しい籠城戦を繰り広げた会津若松城では、多くの砲弾が天守に命中して石蔵が城主の**御座所**にされたという。また、**名古屋城**、**松江城**、**熊本城**小天守ではこの石蔵に井戸がある。兵糧に加えて井戸があれば、籠城の備えとしてかなり有効だろう。

　建築部分の構造は各天守によって異なるが、普段は倉庫などに使われることが多いため、おおむね板張りと**床天井**の簡素な造りになっている。しかし城主の御座所となる最上階だけは、畳や建具が入り、天井が張られる例も多い。

　それぞれの階では、内側の母屋部に部屋を設け、外側に**入側**と呼ばれる回廊を設けるのが最も一般的だ。こうすると窓や**狭間**がある周囲の壁に兵士を配備しやすいだけでなく、建築構造的にも利点がある。上の階が次第に小さくなる天守では、入側と母屋部分を仕切る柱の上に、ひとつ上の階の壁が乗ることになり、上部の重みを安定して支えられたと思われる。

　巨大建築を支えるためには、通し柱などの構造も重要だったに違いない。有名なのは姫路城天守にある２本の巨大な柱で、地階から最上階の下まで通って天守の核となっている。ただし、これは通し柱としては特殊な例で、よく使われたのは上下二階分を繋ぐ通し柱だ。

　江戸城天守については、立面図に柱の入れ方を示した建地割図など多くの図面が残されている。**層塔型**のこの天守では、入側の内側（母屋部の周囲）と、ひとつ上の階の壁が同じ大きさになるところが多く、そこに通し柱が使われていたことが図面から読み取れる。

天守の構造

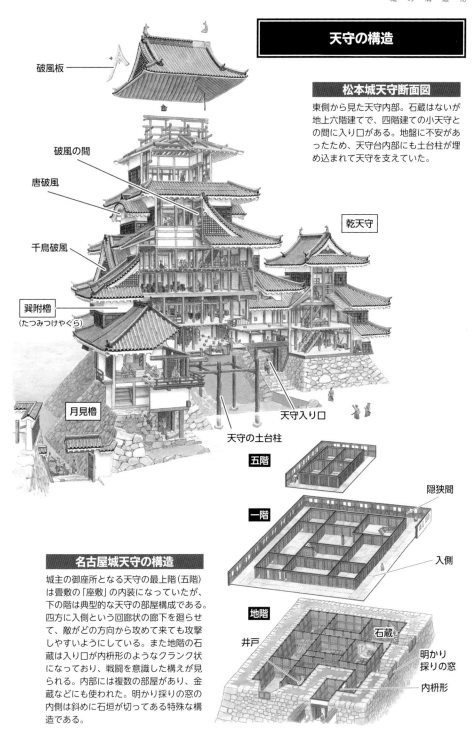

破風板

破風の間

唐破風

千鳥破風

巽附櫓
(たつみつけやぐら)

月見櫓

天守入り口

天守の土台柱

乾天守

松本城天守断面図

東側から見た天守内部。石蔵はないが地上六階建てで、四階建ての小天守との間に入り口がある。地盤に不安があったため、天守台内部にも土台柱が埋め込まれて天守を支えていた。

五階

一階

地階

隠狭間

入側

井戸

石蔵

明かり採りの窓

内枡形

名古屋城天守の構造

城主の御座所となる天守の最上階（五階）は畳敷の「座敷」の内装になっていたが、下の階は典型的な天守の部屋構成である。四方に入側という回廊状の廊下を廻らせて、敵がどの方向から攻めて来ても攻撃しやすいようにしている。また地階の石蔵は入り口が内枡形のようなクランク状になっており、戦闘を意識した構えが見られる。内部には複数の部屋があり、金蔵などにも使われた。明かり採りの窓の内側は斜めに石垣が切ってある特殊な構造である。

161

姫路城天守と熊本城天守

工夫を凝らした名城の天守

　天守には、当時の武将や城大工をはじめ多くの職人たちがつぎ込んだ知恵と工夫が結集されたものが多い。**姫路城天守**は、かつて全国に存在した天守の中でも最も複雑な構造を持つものだろう。大天守と３つの**小天守**を**渡櫓**で結んで中庭を造る**連立式天守**だが、この**天守曲輪**全体の石垣が、外に対して内部が一段低い石蔵のような構造になっている。そのため、中庭から見るとすべての建物が一階分多く見えるが、実は中庭のフロア全体が地階だ。この地下中庭には台所が建てられ、籠城時の備えとなっている。渡櫓や小天守の地下は大半が倉庫的な部屋で、これらの中に兵糧や水などを保管したと思われる。

　姫路城の例に限らず、**望楼型天守**には外観の層数よりも内部の階数のほうが多いものがよく見られる。姫路城でも大入母屋内に三、四階が入るが、これらの階では窓や狭間が高い位置にあるため、**石打棚**（台）が多用されている。また、**破風の間**以外にも屋根裏のスペースが生まれるため、物置的な小部屋が多く造られていた。

　現在は外観のみ復元されている**熊本城天守**も工夫を凝らした天守だった。**大天守**と**小天守**が一体となった構造だが、それぞれの仕様は異なる部分も多い。小天守の地階には、本丸より下の通路に直接出られる門と井戸、竈（かまど）があり、上の建物部分に階段で直結していた。籠城時の台所と兵の通路がこの地階の機能といえる。これに対して、大天守の地階は純粋に倉庫だったと思われる。大天守の**付櫓**も天守の入り口だが、この櫓は外からは入れない。多門櫓で本丸御殿につながっており、御殿から直接天守へ入るための入り口だったと思われる。

　大天守は天守台から大きくはみ出して建てられ、石垣を登る敵を遮断するとともに、床板を外せば天守の周囲がすべて石落しとなる構造だった。一方、小天守はおおむね石垣に沿って建てられているが、その代わりに、一階の土台には先をとがらせた鉄柵を植える**忍び返し**が廻らされていた。どちらも大型の**破風**が多用された豪快な建物だが、大天守では二、三階と五、六階がそれぞれ同じ大きさとなり、小天守では二、三、四階が同じ大きさになって柱組もシンプルだった。現在残る史料では**通し柱**の位置は不明だが、無駄のない強固な構造だったことが窺える。

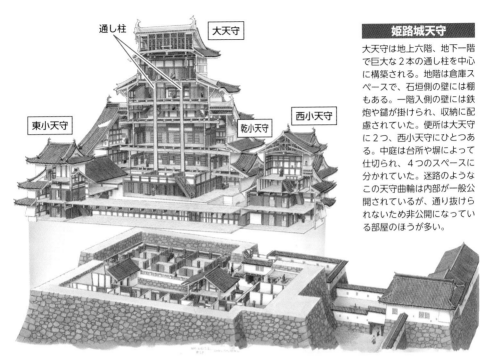

通し柱

大天守

東小天守

乾小天守

西小天守

姫路城天守

大天守は地上六階、地下一階で巨大な2本の通し柱を中心に構築される。地階は倉庫スペースで、石垣側の壁には棚もある。一階入側の壁には鉄砲や鑓が掛けられ、収納に配慮されていた。便所は大天守に2つ、西小天守にひとつある。中庭は台所や塀によって仕切られ、4つのスペースに分かれていた。迷路のようなこの天守曲輪は内部が一般公開されているが、通り抜けられないため非公開になっている部屋のほうが多い。

宇土櫓

大天守

小天守

裏五階櫓

大天守付櫓

熊本城天守

明治10年(1877)に焼失した熊本城天守は、通し柱や梁の入り方などは不明だが、各階の平面図が残されており、部屋割りを知ることができる。大天守は姫路城と同様、望楼型で地上六階、地下一階だが、上下に同じ平面の部屋が重なる部分が多く、姫路城より整然としている。左手前の付櫓は大天守の地階と一階の入り口で、廊下によって御殿と連結していた。小天守の入り口は、現在橋が架けられて本丸から入れるが、本来は急な石段で本丸の下の通路に繋がっていた。

3 - 14 　蔵・厠・番所

籠城時の物資を保管する蔵と
必ず設置された厠と番所

> 城には長期籠城ができるように米や薪、
> 火薬などを保管する各種の蔵があった。
> また、大手門には厠が、重要な虎口には番所が必ず設けられた。

　城には、櫓や天守以外にも様々な建物が必要だった。弥生時代の環濠集落以来、どんな城にも欠かせなかったのは**倉庫（蔵）**である。近世城郭では、多くの兵が長期間籠城することも想定されたため、大容量の**米蔵**がいくつも造られた。それらをまとめて建てるには広いスペースが必要で、二の丸や三の丸などに専用の一画を設けることが多く、専用の**蔵曲輪**を設けるケースもある。ただし、それらの曲輪が敵に落とされても籠城を続けられるように、本丸にも米蔵を設けてある程度分散させた例が多い。

　城の蔵には米蔵以外にも、**薪蔵**、**書庫**や**金蔵**などがある。多くは通常の土蔵造りだったが、火薬庫である**焔硝蔵**には特別に注意が払われた。大坂城では江戸時代前期に落雷によってその焔硝蔵が大爆発を起こしたという。多くの負傷者を出し、周囲の櫓はおろか石垣まで破壊した大惨事だった。こののちに建てられた焔硝蔵は、雷が落ちにくいよう通常の蔵より背が低く、ほとんど木材を使わずに石と土で造られ、極めて耐火性の高いものとなった。

　長門**萩城**下に残されている**船蔵**も特殊な蔵のひとつだろう。通常の軍船の場合は屋根付きの蔵に納めることは少なかったと思われるが、美麗で参勤交代の時などに使われる御座船は、このような蔵に納めたものと思われる。当然、海に面して設けられていた。

　厠や**番所**も城に必ず設けられた建物だ。厠は絵巻物に登場する中世武士の館にも必ず描かれており、近世城郭では大手門の周辺などに造られた。城の一画に**馬場**が設けられる場合は、もちろんその近くに建つこともあった。番所は重要な虎口には必ず置かれたもので、日常では番兵の詰所となって入城者をチェックする。城が戦闘態勢に入った時には、徴収した兵の登録受付となるなどの役目があった。番所には、登城した武士の従者が主人を待つための**腰掛**が付属したものもあった。

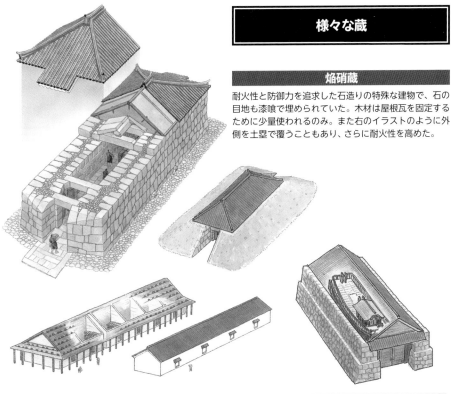

様々な蔵

焔硝蔵

耐火性と防御力を追求した石造りの特殊な建物で、石の目地も漆喰で埋められていた。木材は屋根瓦を固定するために少量使われるのみ。また右のイラストのように外側を土塁で覆うこともあり、さらに耐火性を高めた。

米蔵

城の米蔵は特に大きさが必要なため、桁行（けたゆき）の長いものが造られた。左は飛騨高山陣屋に残されていた古いタイプ。右は近世城郭では一般的なタイプ。

船蔵

参勤交代などで使用する御座船を屋根付きの蔵に納めた、今で言うドックのようなもの。長門萩城下に残っている。

番所と厠

番所と腰掛

イラスト左の番所は、門の脇に建てる比較的小さな建物で、主要な虎口には必ず設けられた。二階櫓門では門の足にある部屋が番所となることもある。開放的に造られ、鑓と三道具（突棒・刺又・袖搦）を備える。右の腰掛は主人の共侍（ともざむらい・従者）が待機する小屋。

厠

大手門の近くなどに造られる。土間の廊下に馬立てが並ぶ基本構造は、古代から現代まで変わらない。彦根城に現存する。

政治・儀式の場となる城主の日常空間

**中世まで城主の住まいだった館は、近世になると政庁や
儀式を執り行う御殿へと発展した。**

　城とは、つまるところ戦闘用の施設である。だが武将や大名たちの戦いは合戦だけではない。領国経営や外交、家臣の統率など、「日常の戦い」も時には合戦以上に重要だった。その舞台となったのが**御殿**である。

　本来、御殿とは城主の住まいであり、中世の館はその規模も小さかった。しかし戦国武将の本城や近世城郭になると、御殿は政庁や儀式の場としての機能も併せ持つようになり、そのための色々な建物が繋ぎ合わされた結果、大規模な建築物に発展した。

　城主が日常生活を送る御殿は平地のほうが使いやすいし、広く場所もとれる。しかし戦国時代には、平地よりも山城のほうが高い戦闘力を得られやすかった。その結果、日常の平地の館と戦闘用の山城をセットにして築くパターンが多く採用された。いわゆる**詰城**である。この場合、山城にも小規模の御殿を建てて戦闘時の備えとする城が少なくなかったが、近世の山城や平山城にもこの発想を引き継いだものがある。

　近世城郭の代表的な平山城である**姫路城**、**彦根城**、**和歌山城**では、いずれも山上の本丸に小規模な籠城時用の御殿があり、日常に使う大規模な御殿は麓の平地部分に建てられていた。ただし、山を利用した城でも麓に御殿を設けず、山上の本丸にだけに御殿が建つ例もある。もちろん平城の場合はスペースを確保しやすいので、本丸内部に御殿が造られる例がほとんどだ。

　御殿は政治・外交に使われる**表向**と、城主の私的空間である**奥向**に分けられた。表向には、**式台**（玄関）や**遠侍**（警護の武士の詰所）、対面儀式などに使われる**広間**などがあり、豪華な障壁画を描いた書院造の建物が城主の力を示した。特に城主が座る上段の間は、床や天井が一段高く、床の間などの座敷飾りが権威を演出した。茶道や能楽鑑賞なども武将のたしなみとされており、茶室や能舞台を備えた御殿も多い。

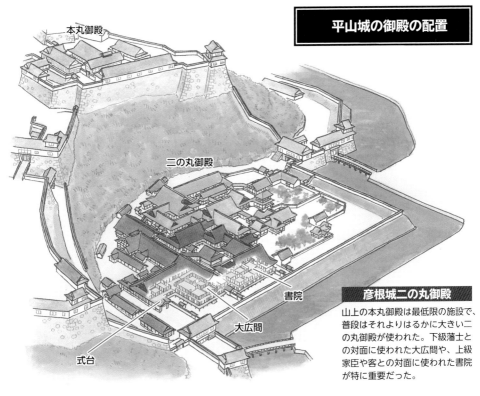

平山城の御殿の配置

本丸御殿

二の丸御殿

書院

大広間

式台

彦根城二の丸御殿

山上の本丸御殿は最低限の施設で、普段はそれよりはるかに大きい二の丸御殿が使われた。下級藩士との対面に使われた大広間や、上級家臣や客との対面に使われた書院が特に重要だった。

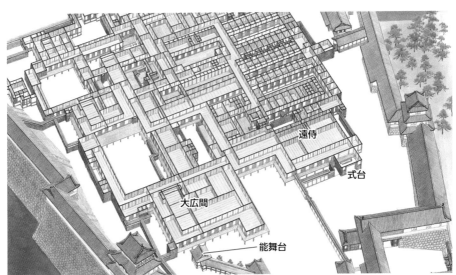

遠侍

式台

大広間

能舞台

江戸城本丸表御殿

江戸城本丸表御殿の表向の透視図。この表向の北側に奥向があり、その奥には大奥が広がっていた。右手前が式台と遠侍、左手前が対面儀式に使われた大広間（おおびろま）で能舞台にも面していた。

板葺から瓦葺へ

板葺か草葺だった城郭建築の屋根は、
近世に入り耐火性のある瓦葺が主流となった。

　戦国時代の城郭建築の屋根はほとんどが**板葺**か**草葺**だった。礎石建築を基本とする織豊系城郭になってから、ようやく城郭建築にも耐火性に優れた瓦が使われるようになった。城特有の飾りである**鯱**も、寺の鴟尾などからヒントを得て織豊系城郭で生まれたものと考えられている。

　城の瓦は、その多くが丸瓦と平瓦を交互に重ねる**本瓦葺**を使う重厚なものだったが、江戸時代に入っても御殿や番所などの付属建築は、板葺にするのが一般的だった。板葺は薄く割った板（へぎ板）を使うものだが、その処理や重ね方によって簡素なものから重厚なものまで幅広い仕上げ方がある。古来、貴族などの屋敷は上質の板葺とするのが通例で、御殿もこの伝統に従ったのだろう。

　江戸時代の間には板葺の御殿も瓦葺に変えられることが多かったが、信濃**高島城**などのように、天守などの城郭建築も板葺にした城もあった。当時の瓦は冬の凍結で割れることが多く、特に雪の多い地方では維持管理に難点があった。そのため高島城では耐火性に劣っても板葺が使われたと想像されるが、火と凍結の両方に強い屋根材も工夫された。

　加賀**金沢城**では瓦の形をした木に鉛板を貼り付けた**鉛瓦**が使われ、同じ北陸の越前**丸岡城**では、加工しやすい石の産地が近いことから、**石瓦**が使われていて特徴的だ。やはり瓦の凍結問題に悩まされていた雪国の**会津若松城**では江戸前期に領内の瓦職人が割れにくい**赤瓦**を開発し、通常の瓦からこれに換えられたことが知られている。

　このほか、銅板を使った例も多い。陸奥**弘前城**では板葺の屋根を銅板で覆った櫓があるが、天守や櫓門では**銅瓦**も使われている。銅瓦は、**江戸城**や**名古屋城**の天守でも使われているが、本体が板のため焼き物の瓦よりも軽く、高層建築に負担が少ないのも利点だった。

屋根の構造と種類

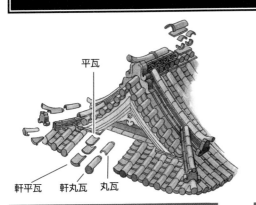

平瓦

軒平瓦　軒丸瓦　丸瓦

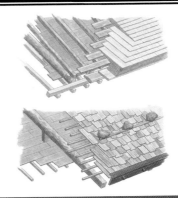

本瓦葺の基本構成

丸瓦と平瓦を交互に重ねる。軒先を納める軒丸瓦は、よく巴（ともえ）の模様が付くことから「巴瓦」、軒平瓦は唐草模様が入ることから「唐草瓦」とも呼ばれた。

板葺屋根の構造

上は御殿に使われる丁寧な葺き方で、へぎ板をそろえながら少しずつずらして重ねていくため、屋根全体にも厚みが出る。下は重ねの少ない簡素な葺き方で、強風で板が飛ばないよう石を置くことも多い。

大棟の先と破風の構成

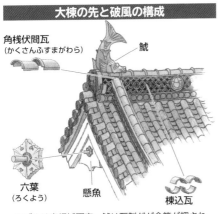

角桟伏間瓦
（かくさんふすまがわら）

鯱

六葉
（ろくよう）

懸魚

棟込瓦

モデルは彦根城天守。鯱は瓦製だが金箔が押され、棟に飾り金具もついた豪華なものだった。

懸魚（げぎょ）の種類

梅鉢型

蕪型
（かぶらがた）

三つ花型

木連格子
（きづれこうし）

懸魚とは破風板の飾り板で、城で用いられるのは主に上の3種。破風の中は壁になることが多いが、最上階の屋根などでは木連格子が入ることもある。

唐破風の構成

寺院によく見られる破風を応用したもの。唐破風の懸魚は「兎毛通（うのけどおし）」とも呼ばれた。

破風板　唐破風の懸魚

植栽の基本は松・竹・梅

**一見戦闘とは関係ない庭造りや植栽においても、
戦闘時の資材となるような配慮がなされていた。**

　城では庭造りや植栽においても合戦や籠城が考慮されていた。近世以前から城の植栽として最もよく選ばれたのは松・竹・梅だ。おめでたい木として知られるこの3種は、実は戦闘時の資材としての利用価値も高く、城の植栽として重宝された。

　特に松は**松明**になり、**松脂**が様々な道具に使えるなど、利用価値が高い。地盤が固い、強い風があたるなどの悪条件にも耐えられることもあって、城の木の定番となっている。また、竹も様々な道具の材料となるものだ。特に弓が武器の主流だった中世や戦国前期の城では、矢の材料となる**矢竹**が非常によく植えられた。

　梅は不可欠なものではないが、観賞用の木としては古代から最も親しまれたもので、中世・近世を通じて城内に梅園が造られる例は多い。現在では桜の名所となっている城が多いが、実はその多くは明治以降に植えられたものだ。城内には薬になる植物を集めた**薬草園**もよく造られた。戦国時代の城でも、「御花畑」の曲輪名が残るものがあるが、これも薬草園があったものと考えられている。

　庭園はそれ自体は戦闘用の施設ではないが、広い庭を塀などで囲んで曲輪のように造る場合は、庭も城の防御プランの一翼を担う。曲輪状の庭園には、秀吉が好んだ「**山里曲輪**」のように城内に造られるものと、備前**岡山城**の**後楽園**のように、城外に造られるものがある。

　これらの庭は城主の私的な空間なので、たいていは搦手側に設けられるが、防御面から見ると城の背後を守る施設になった。特に城外に造る庭園の場合は、城を補強する**出丸**の役目も兼ねて造られることがあった。大名が城の増改築を禁じられた江戸時代においても、庭造りならば表向きは築城にならなかったのである。

城の植栽と庭園

城の植栽は、塀や塁に沿った内側に行うことが多く、外から城内を見にくくする効果があった。城外は木を伐採して敵が隠れられないようにするが、敵が近づいてほしくない搦手側に、竹を密生させることもあった。

▲ 梅の利用法

梅は主に鑑賞用だが、その実は梅干しにされた。梅干しは薬効のある兵糧として重宝された。

◀ 松の利用法

松は、柵・乱杭・逆茂木の材料になるほか、脂分が多いので薪や松明にも使われた。松脂は弓弦のほか、多くの道具に利用された。

◀ 竹の利用法

竹は虎落（もがり）や竹束などの材料になり、いざとなれば竹槍としても使えた。小型の竹である矢竹は、文字通り矢の材料となる。

曲輪仕立ての庭

江戸時代には多くの大名が、城や江戸屋敷などに、池を中心とする回遊式庭園を設けた。城外に設けられたものは、出城や出丸の役目を持つものも多い。岡山城の後楽園は、文字通り城の背後を守っている。川に囲まれた要害の地形で、土塁と柵が巡らされた。

江戸時代の城マニア

『金城温古録』の世界

　読者の中には、城マニア（城オタク）の方もいるだろう。筆者もそのひとりだが、実は江戸時代にもマニアと呼べる人がいた。幕末の安政年間（1854〜1860）に尾張藩士だった奥村得義は、自分が勤める名古屋城の調査を行い、『金城温古録』として書物にまとめたが、その記録は詳細かつ膨大だ。

　調査の苦労も窺える。建物の中を調べるには担当者の許可が必要だが、最初はなかなか調査の目的が理解されなかったようだし、長く使われていない部屋は鍵の在処がわからないなど、今でもありそうな話もある。

　その努力のおかげで、当時の名古屋城に関してはかなり詳しく知ることができる。構造も絵図と文章で細かく記されているが、興味深いのは普段の実情だ。例えば、天守最上階には四方に人が乗るための台があり、遠眼鏡や方角板、城下の絵図も備え付けられていて、まさに展望台だったことがわかる。

　主室には封がされた櫃が置かれ、最上階に上ったものは、老衆（家老）や城代もまずその櫃に拝礼することになっていた。しかし櫃の中身はだれも知らない。様々ある云い伝えの中には、加藤清正の画像だというものまであったという。

　幕末には御三家の尾張徳川家ですら名古屋城の創建は遠い歴史になっており、城に不明な部分が多くあったことがわかる。だからこそ、奥村得義も研究の対象としてのめり込んだのだろう。

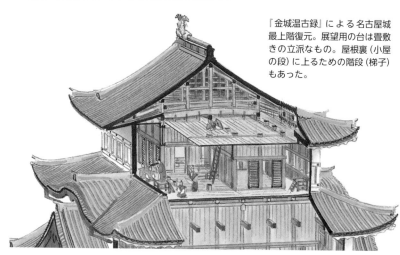

『金城温古録』による名古屋城最上階復元。展望用の台は畳敷きの立派なもの。屋根裏（小屋の段）に上るための階段（梯子）もあった。

第四章

城を守る・攻める

城の攻防戦はどのようなものだったのだろうか。戦国時代の合戦の実相と城攻めの戦術を解説する。

CHAPTER 4

合戦の実相と後詰

戦国大名による合戦の大半は、拠点となる城を巡る攻防戦である。
大規模な野戦は、城方の後詰が到着することで
発生することが多かった。

　戦国時代の合戦は、実にその大半が城攻めだ。奪い取った領地を実効支配するには、なによりもその地域の拠点となる城を確保する必要があったため、それは当然のことといえる。また敵の侵攻を迎え討つ側にしても、何もない場所で野戦に挑むよりは防御拠点である城に籠もって戦った方が都合がよい。

　大名たちの勢力圏の境に造られたのが「**境目の城**」だ。国の境目付近を領する有力な在地領主の城が境目の城となるほか、特に敵国侵攻の前線拠点や、国境防衛の拠点として造られるものは、大名が純粋に軍事施設として築くことが多かった。武田勢と徳川勢との攻防の舞台として知られる遠江**二俣城**の戦い、北条氏が豊臣勢を食い止めるために築いた伊豆**山中城**の戦いなど、境目の城を舞台とした激戦は数多い。

　また、大軍同士が激突する野戦も城攻めから発展するケースが多く、城攻めが全く関与しない合戦はなかったといってよいだろう。例えば天正3年（1575）の**長篠合戦**は、徳川氏の国境を守る城のひとつ、三河**長篠城**に対して**武田勝頼**が行った城攻めがきっかけである。武田勢は城攻めのための臨時の城である**付城**をいくつも築いて長篠城を囲み激しく攻め立てた。城は外曲輪が落とされたが、主郭だけで抵抗を続けた。その段階で徳川家康と織田信長の連合軍による**後詰**が到着する。勝頼は対応を迫られたが、多くの家臣や兵を動員して遠征しながら、長篠城を落とせないまま戦果を挙げずに退却することを嫌って勝負に出たのだろう。もし長篠城が落城していたら、勝頼の選んだ選択肢は全く異なったはずで、その後の展開は武田軍に有利なものになったかもしれない。

　城方にとっては、後詰が到着するまで耐えぬくことが籠城の目的だったため、外の曲輪が落とされても長く抵抗するための工夫が発達した。対する寄せ手は、後詰が到着するまでに城を攻め落としたい。そのための様々な戦法が工夫され、城攻めのための施設や道具も発達したのである。

城攻め開始から野戦に発展するまでの概念図

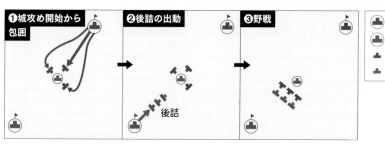

❶城攻め開始から包囲　**❷後詰の出動**　　後詰　**❸野戦**

攻撃側の拠点
防衛側の拠点
攻撃側の部隊
防衛側の部隊

❶まず寄せ手（攻撃側）は陣城・付城を築くなどして防衛側の城の後方連絡線を分断し、城を包囲する。その際、一気に力攻めに及ぶこともある。❷城の救援に後詰が出動、その到着まで城方は抗戦する。もし後詰が期待できない場合は城方は降伏することも多かった。❸後詰が到着すると、寄せ手は城の包囲を解いて兵を退くか、後詰勢との野戦に及ぶ。このとき防衛側の城から逆襲部隊が出撃する場合もある。

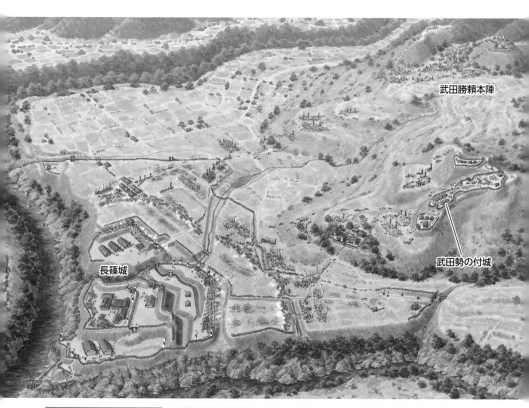

武田勝頼本陣

武田勢の付城

長篠城

長篠城の籠城戦

長篠城は武田・徳川氏の攻防の舞台となっていたが、信玄死後に徳川氏が奪還、徳川の対武田の前線拠点であった。城主は武田方から徳川方に寝返った奥平信昌が務めていた。城はふたつの川の合流点に造られ、台地続きの側に厚く曲輪を広げている。攻城戦では、付城群を築いた武田軍が大軍で城を激しく攻めたが、短期間で城を落とすことはできず、長篠城は織田・徳川連合軍の後詰の到着まで持ちこたえた。

4-2 臨時構築物

戦時に設けた柵・乱杭・逆茂木

> 城は臨戦態勢に突入すると、
> 敵の侵入を拒むための様々な臨時構築物が造られ、
> その戦闘力が強化された。

　どんな名城も、普段の姿は「平時」の城にすぎない。そして敵の侵攻が予想されれば、様々な臨時構築物が造られて戦闘力が強化された。城を平時モードから臨戦態勢である戦時モードへ切り替えたのである。

　代表的な臨時構築物が**柵**、**乱杭**、**逆茂木**だ。いずれも土に直接埋め込んで固定するため、耐久性があるものではないが、敷設するのも簡単なため籠城戦に備えてよく用いられた。

　柵は専ら敵の動きを止める障害物としての働きが大きいため、塁の下や堀の縁、堀底などに設けられた。『**大坂冬の陣図屏風**』などの合戦図屏風では、そのような場所に木の枝を切ったままのような不揃いの柵が描かれている。城兵が塀や櫓で敵の矢玉を防ぎながら、柵を破壊し乗り越えようとする敵を狙い撃つのが、柵の効果的な使い方だろう。

　乱杭の設置場所も柵と似ているが、城の発掘調査では特に堀底に発見される例が多い。堀底に設ければ、転げ落ちた敵に直接ダメージを与える効果もあったのだろう。また、逆茂木は充実させれば敵の侵入を阻止する強力な障害物となるため、守りに徹したい搦手などでは特に有効だったと思われる。

　このほか、俵に土を詰めた**土俵**も城の防備強化に役立った。現代の土嚢と同じように使用され、土塁や塀が不十分なところを強化するのに使われた。

　なお戦国の城では、こういった臨時構築物は戦時に限らず非常によく使われた。戦国時代にはいつ敵が攻めてきてもおかしくない状況下で城を造ることも多かったので、築城時には最初から逆茂木なども設けられた。当時の城造りを記述した『**築城記**』には「あとで塀に変える柵」が登場する。柵は敵の侵入は防げるが矢玉は防げない。急ぐ築城では本来は塀にしたいところにも応急的に柵を立てておき、あとで板や盾を取り付けて塀に変えていったことが窺える。これも城の強化の工夫ひとつといえるだろう。

戦時における城の臨時構築物の配置

平時の城

搦手口

大手口

籠城準備では、柵などで城を囲んで補強するが、城からの出撃もあり得る大手口などでは、ある程度障害を設けずに通路を空けておいたと考えられる。完全に塞いでしまいたい虎口では、橋を落とし、門前に柵を建てたりした。さらに門に奈良木（丸太に鉄の刺やイバラを巻きつけたもの）を吊る、通路に地渋（板に多くの逆さ釘を打ったもの）を置く、菱を撒くなどの方法もあった。旗を多く立てて城を飾り、士気を高めるのも重要な籠城準備だった。

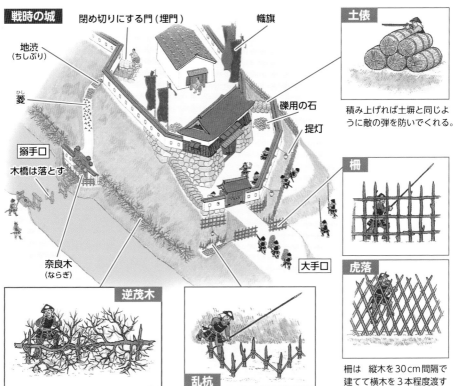

戦時の城

閉め切りにする門（埋門）

幟旗

地渋
（ちしぶり）

菱
（ひし）

搦手口

木橋は落とす

奈良木
（ならぎ）

礫用の石

提灯

大手口

土俵

積み上げれば土塀と同じように敵の弾を防いでくれる。

柵

虎落

柵は 縦木を30cm間隔で建てて横木を3本程度渡すのが標準とされる。虎落（もがり）は竹でつくった柵をいう。

逆茂木

枝を落とさない木を杭に固定したもので、木の種類によって非常に強力なバリケードとなる。

乱杭

先をとがらせた杭を横木や縄でつないだもの。

野戦陣地の「陣城」と
城の攻略に築かれた「付城」

**合戦時に急造の野戦陣地として築かれたのが陣城だ。
なかでも敵の城の攻略のために、そのすぐ近くに築くものを付城という。**

　戦国時代に発達し、城攻めや合戦に備えて造られたのが、野戦陣地ともいうべき**陣城**だ。戦国時代後期の足軽たちは、しばしば柵などの資材となる材木などを担いで進軍し、わずかな日数で陣城を構築できるよう訓練されていた。

　陣城は、既存の寺院などを利用して築城する場合や、廃城を利用して築くこともあったが、典型的な陣城はシンプルで広い曲輪を**空堀**と**掻き上げ土塁**で囲むもので、柵を立てて虎口に簡単な**冠木門**を設けたと考えられている。陣城には色々なタイプがあり、時には**長塁**や本格的な城も造られた。

　陣城のなかでも特に敵の城を攻略するために、そのすぐ近くに築くものを**付城**という。付城の数はその城攻めに動員する軍の規模に応じて変わるが、大軍を動員して敵の根城や本城を攻める場合は多くの付城が造られた。織田信長の**石山本願寺攻め**は、足かけ10年もの長期にわたった攻城戦だが、織田方は10の付城を築き、本願寺側はこれに対抗しておよそ50もの**出城**を築いたという。

　付城は敵の城に対峙する位置に造られる場合が多い。**桶狭間合戦**の際、信長が今川方の尾張**鳴海城**、尾張**大高城**に対して築いた付城群のように、敵の補給路を分断し、城を孤立させるように築くのが、よく見られる位置取りだ。ただし、寄せ手の本陣となる城はやや後方に造られるのが通例だった。まず敵の城からやや離れた2km程度の地点に本陣を張った上で、敵の城から1km未満に複数の付城を築いていくのが典型的な手順で、城攻めが軌道に乗ってから本陣をもっと近くに移すこともあった。

　大規模な城攻めでは滞陣期間も長くなり、城の**後詰**にきた敵の主力を迎え討つこともあるため、充実した陣城や付城が必要だ。戦国末期には陣城・付城でも本格的な築城例が多くなる。**小田原合戦**の際、秀吉の本陣となった**石垣山城**は、小田原城から約3km離れ、城を見下ろせる山上に築かれた。臨時築城とは思えない**惣石垣**の城で、秀吉の力を見せつける意味も大きかっただろう。

材木を運ぶ兵　仮小屋　大将の陣屋　陣幕　空堀　井楼矢倉　掻き揚げ土塁　雨しのぎ　兵たちの仮小屋　逆茂木

戦時における城の臨時構築物の配置

イラストは典型的な陣城を模式的に描いたもの。その縄張は地形にもよるが、シンプルなものが多い。防御施設は空堀・土塁・柵・逆茂木などで、要所には井楼矢倉を建てる。中心には陣幕を張って大将の陣所とし、仮小屋を建てた。長期の滞陣では兵士の住まいも必要で、簡単な雨しのぎのほか、竪穴住居のような仮小屋も用いられただろう。

付城群の配置（桶狭間付城群の例）

桶狭間合戦の直前、今川方の境目の城であった鳴海城・大高城を攻めるため、織田方はいくつもの付城として砦群を築いた。両城にとって補給路となる街道を封鎖し、城を囲んで孤立させるような位置に付城が築かれているのがわかる。両城の後詰に来た義元率いる今川勢の主力が織田勢との戦いに発展したのが桶狭間合戦である。

丹下砦　善照寺砦　鳴海城　中島砦　東海道　鷲津砦　大高城　丸根砦　氷上山砦　正光寺砦　桶狭間

今川方の城　織田方の城

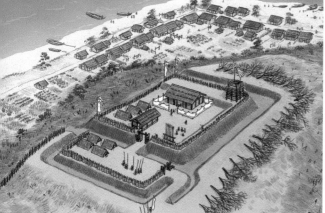

◀ 鷲津砦

城は大高城を望む丘陵地帯の突端に位置する。馬出状の副郭を持つが規模は小さく、城兵は周囲にも駐屯したと思われる。陣城・付城はシンプルに造られることが多い。

179

4-4 城攻め① 緒戦

城攻めの開始から包囲の完成まで

正攻法で城を攻めるには、補給路となる街道を確保し、
陣城・付城を構築して包囲網を形成した。
包囲後には兵糧攻めや水攻めなどの手段を用いることもあった。

　城攻めには色々な方法があり、敵の予想しない時に攻撃する奇襲や、内応者を
つくる調略などは非常に効果的だったと思われる。山城ならば搦手に通じる間道
を見つけて急襲する方法もあった。しかし、敵にそのような隙がない場合は、陣
城群を築いて足場を固めながら正攻法で城を追い詰める方法をとった。

　城下集落を持つ城を攻める場合は、収穫前の田で稲を刈る**刈田**などの**狼藉**も行
われた。古くから略奪や民家の破壊、放火は常套手段で、城兵や城に逃げ込んだ
住民を動揺させ挑発する狙いがあったのだ。これを嫌った城方が、先に民家を壊
してしまい臨時構築物などに利用することもあった。

　陣城をひと通り構築した寄せ手は包囲網を狭めていく。戦国後期の城攻めでは、
柵や**虎落**によって城全体を囲む例が多い。城方からの奇襲を防ぎ、城を完全に孤
立させたのだ。この柵をベースラインとして、城に近づくための**仕寄り**を延ばし
ていくのが城攻めの基本パターンである。

　寄せ手はここで**兵糧攻め**に入る方法もあった。城方の兵糧が尽きるのを待つ戦
法で、味方の補給路は確保しながら城方の補給路を断ち、城に後詰が来ても充分
に対応できる態勢などを整えて時間をかけて行われた。滞陣が長期になるので寄
せ手側の領内に不安がない時でなければ行えない。**豊臣秀吉**が信長配下時代に行
った播磨**三木城攻め**も代表的な兵糧攻めだが、毛利方の**兵糧入れ**を防いだのが成
功の要因だったとされる。水の確保に弱点がある山城などに対して、水の手を断
つ**水攻め**もこれに似た戦法といえる。

　同じ水攻めと呼ばれるものには敵の城を水で満たす戦法もあり、これも秀吉が
得意としていた。よく知られているのは、中国攻めの際に毛利方の備中**高松城**に
対して行った水攻めで、陣城に加えて水を溜めるための土塁（堤）が造られた。
大規模な土木工事が必要だったが、これにより城から逆襲部隊の出撃は不可能と
なり、秀吉は城の後詰に来た毛利軍に充分対応できたのである。

城攻めの手順

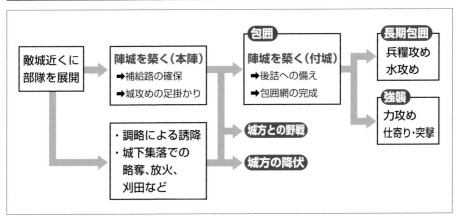

敵城近くに部隊を展開

陣城を築く（本陣）
➡補給路の確保
➡城攻めの足掛かり

・調略による誘降
・城下集落での略奪、放火、刈田など

包囲

陣城を築く（付城）
➡後詰への備え
➡包囲網の完成

城方との野戦

城方の降伏

長期包囲
兵糧攻め
水攻め

強襲
力攻め
仕寄り・突撃

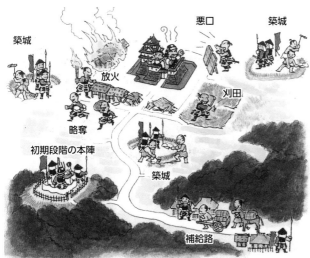

築城　悪口　築城　放火　刈田　略奪　初期段階の本陣　築城　補給路

城攻めの緒戦

寄せ手は、まず補給路となる街道などを制圧し、城からやや離れた（2km前後）地点に本陣を築いてから付城造りに取りかかる。並行して城方の降伏を誘う調略や、城下では刈田・放火・略奪などの狼藉が行われた。声の大きいものを選んで城方に汚い悪口を浴びせる挑発行為もさかんに行われた。この段階で城から打って出た軍勢と野戦になる場合や、城方が降伏開城する場合もある。城方が籠城を選択した場合、寄せ手は後詰への備えをしつつ、兵糧攻めや力攻めなどを行った。

丹後田辺城の籠城戦

関ヶ原合戦の前哨戦のひとつ、田辺城攻めは、寄せ手の配陣の様子などが記された図が存在するため、比較的詳しく再現できる。細川幽斎（藤孝）が守る城を西軍の大軍が囲み、大手方面の仕寄りと、ふたつの大砲陣を造って城に迫ったが、本格的な合戦となる前に講和が成って開城した。

戦国末期に発達した攻城戦術

> 寄せ手が城壁にとりつくまで、
> 盾や竹束の臨時の防護壁で身を守りながら城壁へ接近し、
> 防護壁を構築する戦術が「仕寄り」である。

　攻城軍が最終的に城を落とそうとすれば、兵士が城内に攻め込む必要がある。それにはまず兵士が城壁に接近しなければならない。鉄炮が普及した戦国末期以降、城に接近する途中で多数の死傷者を出すことのないよう、盾や竹束で身を守りながら進む必要があった。単に近づくだけでなく、城壁での戦いで攻撃力を発揮するために発達したのが**仕寄り**である。

　仕寄りの基本は、**竹束牛**などの仮設の防護壁を前へ運び、互い違いに構築するものだったことが軍学書から推定される。仕寄りの最前列では竹束牛や**土塁**などを横に広げるように配置した。充分な援護射撃を受けながら、多数の兵が一斉に城に突撃するための態勢をつくるのが仕寄りの目的だったのだ。

　織豊期には鉄炮の一層の普及により城の構造も大きく変化したが、これに対応して仕寄りなどの攻城術も急速に発達した。その集大成といえる**大坂冬の陣**では、**仕寄り道**と呼ばれるジグザグの空堀道が使われたことや、その先端に土を積み上げた**築山**が築かれ、土俵による胸壁を設けていたことが『**大坂冬の陣図屏風**』から読み取れる。その様子は、近世ヨーロッパの攻城で用いられた塹壕に似ており、鉄炮の時代の攻城戦術が行きつく形だったことがわかる。

　最後の戦国的な城攻めだった**天草・島原一揆**（島原の乱）は多くの絵図が残されており、一揆勢が籠もる原城を包囲する柵から複数の仕寄りが城に向かって延ばされていった様子が見て取れる。その仕寄りの先には井楼矢倉がいくつも建てられていた。あらかじめ部材を加工しておき、現地で素早く組み立てる**組み上げ井楼**も、仕寄りの道具としてよく用いられたものだろう。

　戦国末期以降の城攻めでは、仕寄りと並行して大砲による攻撃も行われた。当時の大砲は発射準備に手間が掛かり、命中精度も高くなかったため野戦では使われなかったが、攻城戦では威力を発揮した。大坂冬の陣の話に伝えられるように、城に恐怖を与える効果は大きかったはずだ。

仕寄りの実例

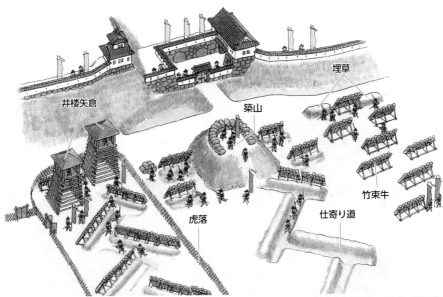

井楼矢倉

埋草

築山

竹束牛

虎落

仕寄り道

絵図などから読み取れる仕寄りのパターンを3種類。〈右〉一般的と思われる形。竹束牛を構築して要所に「埋草（うめくさ）」と呼ばれる土塁を築く。〈中〉『大坂冬の陣図屏風』に見られる形。ジグザグの仕寄り道は、鉄砲の弾を防ぎながら城に近づくためのもの。今で言う塹壕のような役割を果たした。〈左〉『肥前嶋原合戦図』に見られる形。城方の奇襲を防ぐために虎落で囲まれ、それが隣の仕寄りの虎落とつながって網の目のように巡らされていた。

仕寄りに使う道具

竹束

楯

持備え

車竹束

竹束牛

仕寄りには盾や竹束を並べた仮設の塀が使われたが、最も一般的だったのが竹束牛だ。木や竹を三角に組んだものを、古来から「牛」と呼ぶが、これに竹束を付けたもので、根元を土で固定した。このほか、車の付いた持備えや車竹束もあった。

◀ 大砲（大筒）

戦国末期から江戸初期に主流となった前装砲。当時の大砲は照準が不正確で、うまく当たれば櫓や塀の一部を壊せる程度だったが、心理的な効果は大きかった。

4-6　城攻め③　突入

防御施設の無力化と城壁突破

仕寄りで接近した兵たちは、
堀を埋めたり石垣と同じ高さの土塁を築いたりして
城内へ迫った。

　付城を築き、仕寄りを使って城の間近に迫った寄せ手は、いよいよ城に突撃する。仕寄りを使ってギリギリまで城に接近した兵が一斉に突撃、門や塀を壊したり乗り越えたりして、城内に突入するのが基本的な戦法である。しかし、堀・塁・櫓などが充実した堅固な城は、そう簡単に城壁を突破できない。そこで突撃の前になるべく城の防御施設を無力化する方法が工夫された。

　深さのある堀や高い石垣に対しては、その段差を土で埋めてしまう戦法があった。仕寄りに**埋草（土塁）**や**築山**を築く時と同様に、**竹束牛**の陰から土を差し入れて土橋状の土盛を造っていたことが推測される。

　城の防御の要である櫓を破壊するために最もよく行われたのが**火矢**による攻撃だ。油を使った火矢は古くから存在したというが、灯油を使った実験によると、板に突き刺さる強さで矢を放った場合、その速さで炎が消えてしまうので、そう簡単ではなかったことがわかる。しかし戦国時代には、**火薬**を使った火矢や、手投げの爆弾である**焙烙**が開発された。これらは格段に威力が大きく、城攻めにも有効だっただろう。織豊期から近世にかけて櫓を漆喰で塗込める技法が発達し、城の耐火性が急速に高められたこともそれを裏づけている。

　金堀攻めも有効な戦法だったとされる。戦国大名は、経済力を増すために鉱山の開発にも力を入れたが、鉱山で働いていた金堀たちの技術を城攻めに利用したものだ。密かにトンネルを掘って城内の地下に到達し、城方の虚を突いて兵が潜入・放火したり、櫓を壊したりしたといわれる。

　これらの方法で城の防御力を弱めたら、鉄炮隊や鑓隊の援護のもとに精鋭による突撃が行われ、最後は白兵戦で曲輪内を制圧するのが正攻法だったと思われる。しかし、枡形などの虎口を破るのは簡単ではないし、たとえ破ることができても、次の曲輪でそれを繰り返さなければならない。高度に発達し、完成した近世城郭は、よほどの兵力差がなければ攻め落とせなかっただろう。

城への突入の様子

門を破壊して突撃

井楼矢倉からの援護射撃

塀を乗り越えるための投げ橋

もっこや鋤で堀を埋める

鉄炮の援護射撃

長鑓で援護

火矢・炮烙による攻撃

堅固な城では、城の防御力を弱めなければ突入は難しかった。太鼓、鬨の声などで士気を上げて一気に襲い掛かり、門を壊し、塀を乗り越えて城内に突入した。

火矢と焙烙

（上）火薬を使った火矢は戦国期に考案されたようだ。右の棒火矢は江戸時代に入ってから開発されたもので、鉄炮を使って撃ち出すタイプ。（下）銅などで造った球の中に火薬を詰めた大きな手投げ弾。導火線に火をつけ、ハンマー投げのように投げ入れたと推定されている。

金堀攻め

鉱山の専門集団（金堀衆）を使った戦法。複数の文献に記述があるものの詳細は不明。中世ヨーロッパのトンネル戦法では、建物の地下に空洞を造って支柱に火を放ち、人工的に落盤を起こしたとされる。金堀攻めも同様の戦法だったかもしれない。

185

城の抜け道

重要な後方連絡路

　城が戦いの最中にある時も、敵に見つかることなく城に出入りできる通路、それが**抜け道**である。抜け道というと抜け穴と同様に秘密めいた部分ばかりが注目されることが多いが、それでは抜け道の本質を説明できない。抜け道の役割を戦術的に見れば、城外の味方との連絡路を確保することにある。

　例えば敵が城を攻めている時に、味方の後詰が到着し、城側と協力して敵を討つ作戦は戦国時代の主要な戦法のひとつだが、このような作戦をはじめ、城が敵を迎え撃つ際は、城外の味方との連携が重要だ。そこで抜け道が役に立ったのである。

　抜け道が造られる場所は、通常は**搦手**方向だ。多くの城では、地形が開けていて主戦場と想定される方向を大手として、いくつも曲輪を重ねて分厚い守りとする。これに対して搦手は、高い崖や川、沼など天然の要害を利用して敵が近づけないようにし、防御施設や守備兵を節約するのが縄張の常套手段だ。抜け道は城主の命を受けた使者や、場合によっては城主自身が脱出に利用するものだから、城の中心から城外までが近く、自然地形が多くて敵の目につきにくく、城外の敵軍も一番少ないと思われる搦手が適していた。

　抜け道の造り方は、時代や城の立地によって違いがあった。戦国時代には大名たちの動員兵力もそれほど多くなく、特に大型の山城を完全に包囲することは難しかった。遠江**高天神城**のように搦手の尾根などを抜け道に利用すれば、敵に見つからずに城外に抜け出すのはそれほど難しくなかっただろう。

　しかし戦国時代も後半以降は、城は開けた地形に造られることが多くなり、城攻めにも大軍が動員されるようになった。城兵が城を抜け出すのも簡単ではない。さらに城も大きく変化し、主要部を石垣で固めた**惣石垣**が主流となる。敵の侵入する隙もなくなったが、城兵も門以外からは出られなくなった。

　近世の城では、敵に発見され、つけ入られるリスクを犯して抜け道を造るより、造らないことを選んだ城のほうが多かっただろう。しかし、もし造る場合は、戦国の城よりも具体的に抜け道のルートを設定して、そのための施設を設ける必要があった。今でも**熊本城**や**名古屋城**には抜け道と考えられる遺構がある。

城の抜け道

熊本城中心部の縄張

築城当時の図を参考にしたもので、当時は抜け穴の先の土塁から城外に下りられたと思われる。現在、北側土塁は低い石垣となっている。

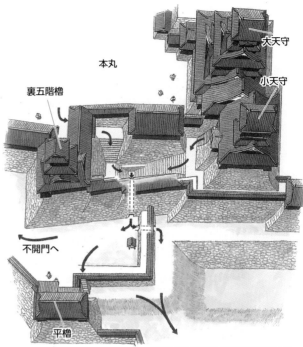

熊本城の抜け道

本丸の北端を真上から見る。本丸下の通路から北に抜ける2つのトンネルは、人が屈んで通れるほどの穴で、抜け穴という伝承がある。排水口との説もあるが、わざわざこのトンネルに降りるための石段があることや、本丸から搦手方面へ抜ける最短ルートであることから、抜け道の役目があったと考えられる。矢印は小天守と本丸御殿からの脱出ルートを示している。

◀ 遠江高天神城の抜け道

詰めの曲輪である丹波曲輪から後方の山並みに続く尾根は、敵の手が及びにくく、ここが脱出ルートになる。

城攻め名人・秀吉

最も多くの城を落とし、最も多くの城を築いた男

　豊臣秀吉は、伝説的な墨俣一夜城から大坂・伏見の巨城まで、生涯数々の城を築いた。日本の築城史のなかで最も多くの城を築いた戦国武将といえる。その一方で、多くの城攻めを成功させた「城攻め名人」でもあった。なかでも備中高松城の水攻めは有名で、敵の城を水浸しにするという奇抜な戦術で高松城を無力化し、最終的に開城に持ち込んだ。しかし、これは秀吉が有していた城造りの能力、大規模な土木工事を行う力があってこそ可能になったものだった。

　信長配下の武将として中国方面を任され、毛利氏との戦いを繰り広げた秀吉は、播磨三木城・因幡鳥取城を攻略している。どちらの城攻めもいわゆる兵糧攻めで、城を包囲して敵の兵糧入れを封じて補給路を断つものだ。充分な包囲網を完成させるために築いた付城の数は、どちらも20を超えると思われる。おそらく当時の城攻めの常識を超えたものだっただろう。

　さらに柵や逆茂木による包囲線を設け、鳥取城ではおよそ1km間隔で矢倉が建てられたという。付城群に加えて包囲線を設ける戦術も、秀吉が大規模化させたものに違いない。備中高松城の場合も基本はこれと同様の戦術だが、それまでは柵などで造っていた包囲線を高い土塁で構築し、そこに水を流し込んだものだ。これらの戦術は、土木工事の手間はかかるが直接の戦闘による兵の消耗を防ぐことができる。どの城も最後は戦わずに開城に持ち込んでいるのだ。

　充分に付城群や包囲線を構築することは、敵の後詰を迎え討つ城を造ることでもあった。高松城の水攻めでも、毛利方・小早川隆景の後詰が南西から迫ったが、水を湛える長大な土塁が、実は毛利勢に対する長城タイプの防衛線になっていたのである。これを強襲すれば塁を利用する秀吉軍の優位は明らかで、毛利軍も簡単には手が出せなかった。

　秀吉が得意の包囲戦術をさらに大規模に行ったのが小田原合戦だろう。この戦いでも、最後は戦わずして小田原城を開城させている。城を造ることで城を落とす秀吉の戦術は、配下の武将たちにも大きな影響を与え、新しい城攻めのパターンとして定着していったと考えられる。

備中高松城の水攻め

足守川
堤防
高松城
血吸川
秀吉本陣
小早川隆景陣

秀吉軍は、高松城の北東側に広がる山地に付城群を築き、高松城の南西に長塁状の堤防を築いた。高松城はもともと低地にあり、周囲の湿地を天然の堀とした堅城だった。秀吉はこの立地を逆手に取り、堤防によって川の水を溜めて城を孤立させた。これにより高松城からの逆襲に備える必要がなくなり、後詰に来る毛利軍に対して、足守川と長塁を前線とし、後方に付城群を置く防御体制ができあがった。

秀吉の主な城攻め

城	年	城主	方法
近江小谷城攻め	天正元年 (1573)	浅井長政	力攻め
三木城干殺し	天正6年 (1578) ～天正8年 (1580)	別所長治	兵糧攻め
鳥取城渇殺し	天正9年 (1581)	吉川経家	兵糧攻め
高松城水攻め	天正10年 (1582)	清水宗治	水攻め
紀伊太田城攻め	天正13年 (1585)	太田左近	水攻め
小田原城攻め	天正18年 (1590)	北条氏直	兵糧攻め

軍学書の攻城具

戦国の超兵器？ 珍兵器？

城造りや城攻めの方法に関してはいくつかの文献史料がある。『群書類従』に収録されている『築城記』は、戦国時代の城造りを解説したほとんど唯一の書物で、筆者も歴史考証イラストや復元建物などを描く際に史料としてよく使っている。

攻城に関しては、江戸中期の儒学者・文献学者、**荻生徂徠**（おぎゅうそらい）の『鈐録』（けんろく）をはじめ、いくつかの**軍学書**が知られているが、そこに登場する**攻城具**には、様々なものがある。本書で解説した竹束牛や、それを用いた仕寄りなども解説されているが、これは他の合戦絵図にも登場し、よく使われたことは間違いない。

しかし、様々な攻城具の中には、軍学書には見られるが他の史料には見当たらず実在が疑われるものも多い。例えば「**釣り井楼**」は兵士が乗る小さな箱状のゴンドラを縄で釣り上げるもので、仕掛けが大がかりなのに比べて効果が小さく感じられる。ほかにも先が伸ばせる構造の梯子車「**雲橋**」（うんきょう）などもある。どうやらこれらは、いずれも中国の書物（明代の『三才図絵』など）に紹介されているものを写したようだ。中国でも実在したかどうか疑問があるものも含まれている。

それらの攻城具のなかで、実在した可能性があるのが**轒轀車**（ふんうんしゃ）だ。これも中国書がオリジナルのようだが、朝鮮侵略中に後藤又兵衛が使ったとされる。厚い板で装甲し、門を壊すための戦車で、それほど仕掛けが複雑ではない。ひょっとすると日本の城攻めでも、このような戦車が使われたことがあったのかもしれない。

厚い装甲で敵の攻撃を跳ね返しながら城門に迫れる轒轀車（ふんうんしゃ）。

付録

縄張図

遺構から城の縄張を図示したものが縄張図である。
縄張図から見えてくる築城者の防御プランを紹介する。

APPENDIX

三河 古宮城

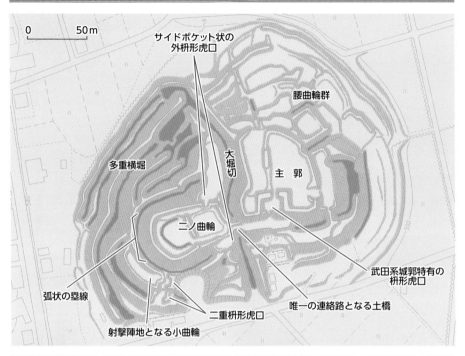

サイドポケット状の
外枡形虎口

腰曲輪群

多重横堀

大堀切

主　郭

二ノ曲輪

武田系城郭特有の
枡形虎口

弧状の塁線

唯一の連絡路となる土橋

二重枡形虎口

射撃陣地となる小曲輪

立地	丘城	築城年代	元亀4年（1573）頃
築城者	武田氏	所在地	愛知県新城市作手清岳字宮山

■ 火力発揮を前提とした戦闘的縄張

（作図＝西股総生）

　武田軍の三河侵攻の拠点として築かれた古宮城は、比高35メートル、南北230メートル、東西260メートルほどの独立丘をまるごと城域とした丘城である。

　その縄張は、土塁で［　］形に囲んだ枡形虎口、馬出の両サイドに付属する外枡形など、武田系城郭に特徴的なパーツを備え、巨大な堀切と竪堀で分割された東西2つの区域からなる。主郭以下の曲輪はいずれも狭く、居住性よりも戦闘機能を優先させている点が特徴的である。

　敵の主攻正面となる西半部は鉄炮の火力を前提とした構造で、曲輪馬出（二ノ曲輪）を中心に火力発揮のための施設（外枡形や射撃陣地となる小曲輪）を設け、多重横堀や弧状の塁線と組み合わせて厳重に防御している。

　一方、平時は居住空間として使われた東半部（主郭・腰曲輪群）は、導線を複雑とすることで敵兵が主郭へ到達するのを遅らせる構造となっている。　　　　　（文＝編集部）

遠江 高天神城

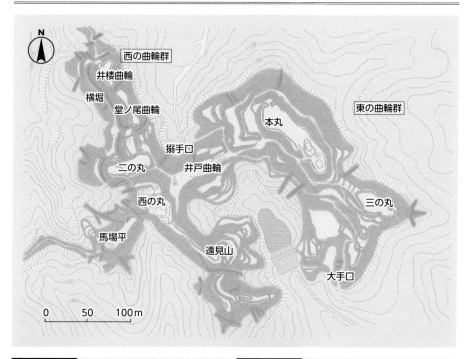

井楼曲輪
西の曲輪群
横堀
堂ノ尾曲輪
本丸
東の曲輪群
搦手口
二の丸
井戸曲輪
西の丸
三の丸
馬場平
遠見山
大手口

0　　50　　100m

立地	山城	築城年代	15世紀後半
築城者	武田勝頼	所在地	静岡県掛川市上土方

■ 武田流築城術が光る堅固な山城

（作図＝西股総生）

　徳川家康と武田勝頼の間で二度にわたる激しい攻城戦が行われたことで名高い高天神城は、急峻な崖に囲まれた堅固な山城で、さらに当時は周辺に潟と湿地が広がる立地だった。

　城の基本構造は、城域が稜線の形状から「H型」となり、東峰と西峰という南北に並行して走るふたつの峰に分かれて独立した曲輪群が配置されるという、いわゆる「一城別郭」と呼ばれるものだ。

　西峰の曲輪群は横堀・土塁・堀切を多用した技巧的な縄張で、曲輪の突出部の塁線は極力曲線を描くようにするなど随所で武田流の築城技術が見受けられる。また、通常の山城の縄張ならば堀切で遮断するところを竪堀で稜線をジグザグにして、停滞した敵を討ち取る工夫がなされている。技巧的な西峰に対して東峰は、曲輪周囲の急峻な崖を利用しながら削平地と土塁を組み合わせた典型的な尾根筋タイプの縄張となっているのが特徴である。　　　　（文＝編集部）

越後 荒砥城

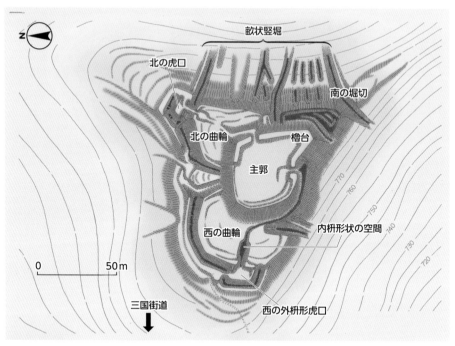

立地	山城	築城年代	天正6年（1578）
築城者	上杉景勝	所在地	新潟県南魚沼郡湯沢町

■ コンパクトながらも洗練された縄張

（作図＝西股総生）

　城は三国街道を見下ろせる比高250mの山の端に位置し、関東の北条氏の侵攻に備えて築かれた純軍事的な「境目の城」である。当時、上杉領内は「御館の乱」による内戦状態で国境に十分な兵力が配置できない状況にあった。そのため守備兵の数は少なくても効果的に防御力を発揮できるように縄張が工夫されている。北条勢の想定侵攻路となる西の曲輪から主郭へ至るルートでは、防御的な外枡形虎口や内枡形状の空間で効率よく敵を撃退できる構造となっており、西の曲輪内に侵入された場合も堀によって侵入路が制限され、主郭から横矢が掛かる。南の尾根筋からの攻撃に対しては堀切で遮断し、櫓台からの射撃で敵を拘束、畝状竪堀で敵が迂回できないようになっている。

　対して北の虎口は馬出状の出撃に適した造りである。つまり城の西と南では敵の攻撃を可能な限り持久して、北の虎口から逆襲部隊が北条勢の側背を衝くという防御プランだったと考えられる。

（文＝編集部）

伊豆 山中城

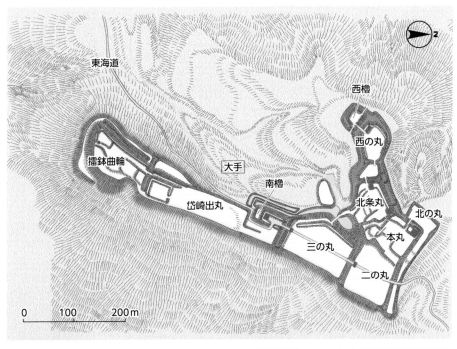

東海道

西櫓

西の丸

擂鉢曲輪

大手

南櫓

北条丸

北の丸

岱崎出丸

本丸

三の丸

二の丸

0　100　200m

立地	山城	築城年代	永禄年間（1558〜1570）
築城者	北条氏康	所在地	静岡県三島市山中新田

■ 長い防御ラインと巧みな横矢掛り

（図は西股総生氏の監修による）

　山中城は北条氏の西の国境防衛を担う最重要拠点であった。秀吉との戦争に備えた大改修により、北条最末期の築城技術が反映された城となった。構造物としては北条氏に顕著な障子堀等による強力な遮断線と、鉄炮の使用に便利な長い塁壁が特徴的である。

　大手へ通じる通路は谷の突き当たりで狭くなっており、東海道に沿って配置された岱崎出丸<ruby>岱崎<rt>だいさき</rt></ruby>から寄せ手は間断なく横矢にさらされ、城の大手付近では南櫓と合わせて濃密な火網が形成される構造となっている。東海道の確保を目指す寄せ手は、岱崎出丸を攻略するには南北に展開しなければならないが、その場合、城方は馬出となっている西櫓から逆襲部隊を出撃させて寄せ手の背面を衝くことが可能だ。また西櫓は出撃拠点だけでなく、西の丸と連携して強固な防御拠点ともなっている。

　城は小田原合戦で豊臣勢に大きな被害を与えるが、損害を恐れず攻撃する猛烈な力攻めの前に落城した。

（文＝編集部）

陸奥 久川城

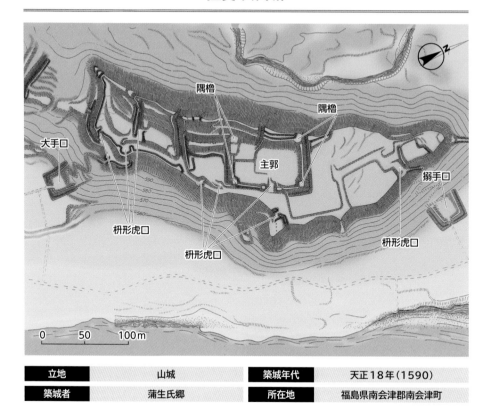

隅櫓

隅櫓

大手口

主郭

搦手口

枡形虎口

枡形虎口

枡形虎口

0　　　50　　　100m

立地	山城	築城年代	天正18年（1590）
築城者	蒲生氏郷	所在地	福島県南会津郡南会津町

■ 在地技術と融合した「土」の織豊系城郭

（作図＝西股総生）
※縄張図は推定復元

　久川城は奥州仕置後に会津領主となった蒲生氏郷が築いた支城のひとつで、在地の土の城造りの技術に織豊系城郭のエッセンスが入った縄張である。

　山城は尾根を削平して曲輪を設けるのが通常だが、久川城では尾根には手を付けずに緩斜面を大きく削ることで、まるで台地続きの丘城のような連郭式曲輪群の縄張となっている。また削り残した尾根は、天然の大土塁となるため戦闘正面が限定できる。そのため敵の攻撃は虎口に集中することになるが、城内へ続く麓の大手口・搦手口はどちらも逆襲部隊の出撃を想定した外枡形虎口となっている。枡形が大きく造られているのは出撃する兵を多数収容するためであろう。

　各曲輪を連絡する虎口もすべて枡形虎口で、限られた兵力を虎口周辺に集中して効率良く防戦する構造だ。主郭は塁壕で長方形に囲み、内枡形虎口と隅櫓を配して、織豊系城郭らしい構成となっている。

（文＝編集部）

常陸 笠間城

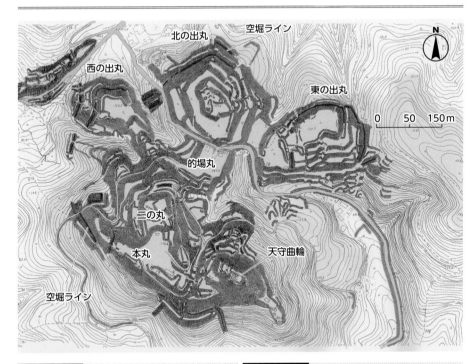

立地	山城	築城年代	慶長5年（1600）
築城者	蒲生氏	所在地	茨城県笠間市笠間

■ 中世の山城を改修した織豊系城郭

（作図＝三島正之）

　笠間城は中世の縄張そのままで近世城郭化したという珍しい城である。城はほぼ独立丘に近い山に築城され、山頂部に天守曲輪を置く。面積が狭いために本丸は平坦地の広がる山腹に配置されている。天守曲輪や本丸、二の丸などの主郭部には石垣などの織豊的要素が見受けられるが、基本的には戦国の山城そのままのプランである。

　出撃拠点と推測される的場丸（千人溜）から西・北・東の三方に伸びる尾根上には3つのピークがあり、その上にはそれぞれ主郭部から独立した堡塁状の出丸が築かれている。

　特に西の出丸は城下からの登城路を火点からの射撃で容易に制圧可能で、またその先端部は土塁と空堀によって厳重に防御され、出撃用の枡形虎口も備えている。

　峻険な地形である南側を除き、広大な城域全体が、戦国後期の北関東の山城で多く見られる長大な空堀によって囲まれている。

（文＝編集部）

出羽 畑谷城

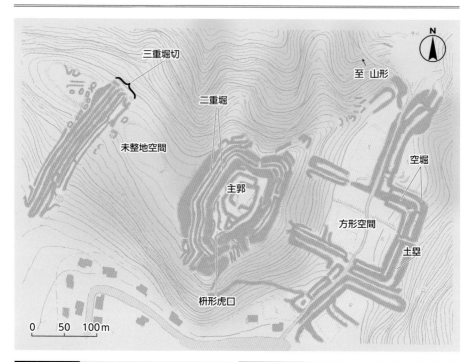

三重堀切

二重堀

至 山形

未整地空間

空堀

主郭

方形空間

土塁

枡形虎口

0　50　100m

立地	山城	築城年代	慶長5年（1600）
築城者	最上氏	所在地	山形県東村山郡山辺町

■ 巨大な三重堀切が異様な縄張

（作図＝三島正之）

　畑谷城は「北の関ヶ原」慶長出羽合戦に際して最上氏が上杉軍に備えて築いた山城で、西から東へ伸びる尾根筋上に位置する。

　典型的な尾根利用タイプの縄張ならば、尾根上のポイントとなる地点に堀切を設けて敵を遮断し曲輪を重ねる連郭式になるはずだが、畑谷城は尾根先端部にある比高70mの山頂部分を主郭として二重の空堀を配しているものの、西の尾根筋には100メートル以上も未整地のままの空間が広がり、自然地形のピークを過ぎたところで三重の巨大な堀切が設けられている。これは上杉軍の進攻を目前に短期間で築城した結果と考えられる。

　また主郭東側を見ると、大規模な空堀・土塁で守られたコの字型の空間が米沢から山形へと続く街道を取り込んでおり、ここで街道から進攻してくる上杉軍を阻止したのち、守備兵を主郭部と西尾根に集結させて戦闘を継続、後詰が来るまで持久するという防御プランだったと思われる。

（文＝編集部）

近江 彦根城

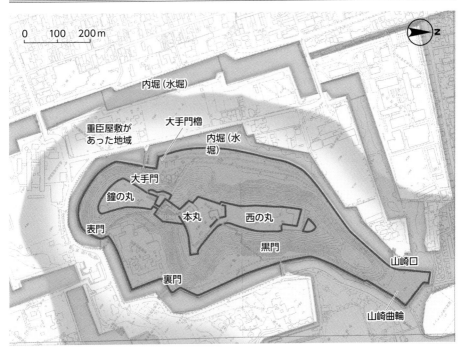

0　100　200m

立地	平山城	築城年代	慶長9年（1604）
築城者	徳川家康（天下普請）	所在地	滋賀県彦根市金亀町

■ 積極的な逆襲を可能にする虎口

（ベース地図は『彦根都市計画図№.3』）

　城は彦根山の山頂に本丸を配置し、尾根筋に沿って連郭式に曲輪を配するという山城的な縄張で、丘陵の周りに内堀（水堀）を配している。

　その基本的な防御プランは、丘陵部分の内郭に敵を侵入させずに、虎口や内堀の防御ラインからの鉄炮の攻撃と、積極的な逆襲により寄せ手を撃破するというものだ。厳重な内枡形虎口を備えた大手門と表門、また前面に鉄炮の火力が集中しやすい北端の山崎口が逆襲部隊の出撃拠点となると考えられる。特に築城当時は山崎曲輪には精鋭である木俣土佐の部隊が守備することになっており、山崎口が主な出撃拠点だったであろう。

　例えば寄せ手の主攻が大手門の場合は、大手門櫓からの横矢と頭上の鐘の丸からの射撃によって寄せ手を拘束し、そこを山崎口からの逆襲部隊が側面を衝き、部隊はそのまま安全に大手門に収容されるというプランが想定される。

（文＝編集部）

尾張 名古屋城

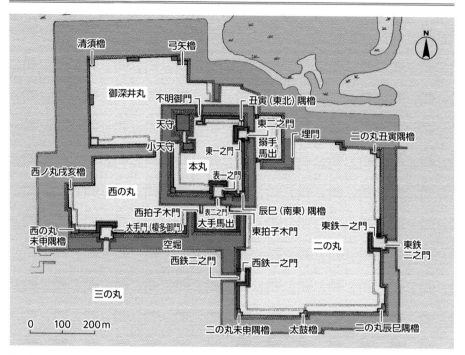

立地	平城	築城年代	慶長15年（1610）
築城者	徳川家康（天下普請）	所在地	愛知県名古屋市中区

■ 徳川式築城術を体現する巨大な縄張

（作図＝加藤理文）

　本丸を中心に二の丸、西の丸、御深井丸を配置し、広大な外郭（三の丸）がそれを囲むという典型的な梯郭式の縄張である。搦手である西・北方面は切り立った崖とその崖下の低湿地を天然の防御ラインとしている。

　各曲輪は直線的で単純な塁線により囲まれた長方形で、一見単純な縄張と思えるが、幅の広い堀と高石垣のラインは敵の侵入に対する強力な遮断線となるので、虎口での戦闘が焦点となる。そのため二の丸、西の丸とも虎口は防御力に優れる内枡形となり、枡形内で敵を殲滅する構造となっている。

　また西の丸前面の堀は空堀となっているが、これは寄せ手を西の丸へ引きつけて、二の丸からの逆襲部隊がその側面を攻撃するプランであったと考えられ、寄せ手の攻撃が二の丸に集中する場合は西の丸から逆襲部隊が側面を衝き、さらには本丸の虎口に設けられた大手馬出から横矢が掛けられるよう縄張されている。

（文＝編集部）

主要な城郭イラスト

著者

香川元太郎
（かがわ げんたろう）

1959年、愛媛県松山市生まれ。日本城郭史学会委員。
イラストレーター。特に歴史考証イラストが専門で、歴史教科書、参考書などに多くの作品が掲載されている。
『歴史群像』(小社) の人気連載「戦国の城」では、2000年から復元イラストを担当している。
『迷路絵本』シリーズ（ＰＨＰ研究所）は、累計300万部の大ベストセラー。
その他の著書に、『かずの冒険』シリーズ（小学館）、『光の杖』（河出書房新社）、
『よみがえる日本の城』（ＰＨＰ研究所）、『ワイド＆パノラマ　鳥瞰・復元イラスト　戦国の城』(小社) などがある。

オールカラー徹底図解
日本の城
2018年12月25日　第1刷発行
2021年10月 8 日　第2刷発行

著　者 ─────── 香川元太郎

発行人 ─────── 松井謙介
編集人 ─────── 長崎　有
編集担当 ───── 早川聡子

イラスト ───── 香川元太郎
構成・編集 ─── 山上至人
編集協力 ───── 吉本由香
装幀・本文デザイン ─ 飯田武伸

発行所 ─────── 株式会社 ワン・パブリッシング
　　　　　　　　　〒110-0005 東京都台東区上野3-24-6

印刷所 ─────── 凸版印刷株式会社

この本に関する各種お問い合わせ先

● 本の内容については、下記サイトのお問い合わせフォームよりお願いします。
　 https://one-publishing.co.jp/contact/
● 不良品（落丁、乱丁）については ─── ☎0570-092555
　　　　　　　　　　　　　　　　　　　 業務センター　〒354-0045 埼玉県入間郡三芳町上富 279-1
● 在庫・注文については ───────── 書店専用受注センター　☎0570-000346

ワン・パブリッシングの書籍・雑誌についての新刊情報・詳細情報および歴史群像については、下記をご覧ください。

■ ワン・パブリッシングのサイト　https://one-publishing.co.jp/　　■ 歴史群像のサイト　https://rekigun.net/

★本書は『オールカラー　徹底図解 日本の城』(2018年・学研プラス刊) を再刊行したものです。